Cecilia Sala

I FIGLI DELL'ODIO

La radicalizzazione di Israele,
la distruzione della Palestina, l'umiliazione dell'Iran

MONDADORI

Della stessa autrice
in edizione Mondadori

L'incendio

Polvere
(con Chiara Lalli)

mondadori.it

I figli dell'odio
di Cecilia Sala
Collezione Strade blu

ISBN 978-88-04-77872-1

I edizione agosto 2025

Indice

I figli dell'odio

A quelli che mi hanno portata con loro
per i luoghi che chiamano casa dandomi fiducia.
E a quelli che hanno riportato me a casa.

La radicalizzazione di Israele

«Perché poi spariscono gli ebrei»

Vicino a un posto di blocco dei soldati israeliani in cima a una salita sabbiosa di Hebron mi trovo davanti uno striscione. Un gruppetto di ragazzine con le trecce, la gonna lunga e le Birkenstock ai piedi lo tiene alto e mi sorride, una di loro avrà 13 anni, le altre non più di 15.[1] «Divorzia da questa mamma e dalla figlia.» La frase all'imperativo è scritta in ebraico in lettere nere e rosse su sfondo bianco, la calligrafia tonda da diario adolescenziale fa a cazzotti col significato delle parole. La frase è complicata da tradurre in italiano ma è una citazione dalla Bibbia e dice in sostanza che se tua moglie non è ebrea puoi e devi cacciarla di casa assieme ai figli che ti ha dato. Le minorenni abitano negli insediamenti che punteggiano la Cisgiordania, quando le vedo stanno andando ad appendere lo striscione al muro di una sinagoga improvvisata fatta per metà di cemento e per metà di un tendone di plastica bianco. Il messaggio che vogliono trasmettere a tutti è: no ai matrimoni misti. No alla mescolanza religiosa, perché poi spariscono gli ebrei.

Come mai uno striscione che invita a rifiutare i figli di un matrimonio misto è in mano a delle ragazzine che hanno appena finito le scuole medie? Vorrei saperlo, e anche loro vorrebbero dirmelo, dopotutto se piazzi un messaggio su uno striscione non auspichi che rimanga un segreto. Ma un minuto dopo aver cominciato a parlare, dopo che ho chiesto e ottenuto dalle ragazze il permesso di fotografare il manifesto, arriva a grandi passi un uomo della colonia che mi spintona e mi strappa il telefono dalle mani. Mi arrabbio, gli strappo a mia volta il mio telefono dalle mani. Lui urla, forse urlo anch'io, arrivano due soldati. L'uomo mi trattiene per un braccio, i soldati stanno dalla sua parte. Non parlano inglese, non capisco cosa vogliano: sequestrarmi l'iPhone? Che mi allontani da Hebron? Interrogarmi? Yossi, il traduttore che mi accompagna, è pietrificato e non traduce. Il suo silenzio, capirò dopo, è dovuto più all'imbarazzo che allo spavento. La situazione scivola nell'assurdo quando arriva il terzo soldato. I primi due militari sono i vicini di casa del signore aggressivo che a questo punto ha mollato il mio braccio ma continua a gesticolare urlandomi contro, vengono tutti dallo stesso insediamento di Kiryat Arba; il terzo soldato viene da Tel Aviv ed è il tipo di persona che nei territori palestinesi della Cisgiordania non ci vivrebbe mai. Mi chiede scusa in inglese dandomi la mano, come a dire: non considerarti in arresto, salutiamoci civilmente. I suoi colleghi non la prendono bene, cominciano a litigare tra loro – urlandosi da un lato all'altro della camionetta militare – di fronte a me. È l'autunno del 2023 e Israele oltre a essere in guerra con i palestinesi è in guerra con se stesso.

Hebron è un microcosmo rilevante per raccontare la radicalizzazione di Israele e il suo rapporto con i palestinesi. Qui tutti gli abitanti per presentarti il luogo che chiamano casa ti dicono: «Benvenuta nella città più antica del mondo». È stata fondata quattromila anni prima di Cristo. A Hebron si trova la tomba dei Patriarchi, dove si dice sia sepolta una figura religiosa venerata sia dagli ebrei sia dai musulmani: Abramo. Il nome della città deriva dalla parola «amico», l'appellativo del patriarca, sia nella versione in arabo sia nella versione in ebraico. Qui, nel 1929, durante la rivolta araba ai tempi del mandato britannico della Palestina, gli abitanti ebrei rifiutarono la protezione dell'Haganah – una milizia paramilitare che poi sarebbe diventata l'esercito israeliano – perché pensavano di non avere bisogno di circondarsi di uomini armati potendo contare sui buoni rapporti tessuti negli anni con i vicini arabi. Il risultato fu un massacro: 67 ebrei morti e 135 ebrei feriti, quasi tutti disarmati, e la distruzione del quartiere ebraico della città con le sinagoghe ridotte in cenere. Gli ebrei superstiti scapparono spaventati a Gerusalemme. Qualche anno dopo provarono a tornare nel loro quartiere soltanto per essere di nuovo evacuati con la forza dai soldati britannici «per la loro sicurezza». Qui a Hebron è nato il movimento No'ar HaGva'ot, «i giovani delle colline», l'avanguardia della destra estremista e messianica che oggi sogna il Grande Israele: le colline in questione sono quelle a sud della città. Qui, nel 1994, Baruch Goldstein ha indossato l'uniforme dell'esercito israeliano, è entrato nella moschea Ibrahimi (di Abramo), ha cominciato a sparare alla cieca contro i palestinesi prostrati in preghiera durante il Ramadan. Ha svuotato un primo caricatore del fucile, e poi un altro, e poi un altro. Ha ucciso 29 persone e ne ha ferite 125, finché non è stato ammazzato di botte dai superstiti del suo massacro. Poiché quando ha deciso di attaccare Goldstein sapeva già che sarebbe morto, allora è un attentatore suicida: questa è la supposizione di Hamas, che userà la strage nella moschea di Abramo come giustificazione per la sua campagna di attentati suicidi dentro le pizzerie, sugli autobus nell'ora in cui si va in ufficio o si portano i bambini a scuola, per le strade delle città israeliane tra gli anni Novanta e i primi anni Duemila.[2] (La stagione dopo la quale la sinistra comincerà a estinguersi e la parola pace a sparire dal vocabolario politico di Israele.)

Hebron è anche l'unica città della Cisgiordania ad avere un insediamento israeliano al suo interno. Nel 1997 è stata divisa in due parti, H1 e H2: H1 è la porzione occidentale e la più grande, copre l'80 per cento del territorio ed è sotto il controllo dell'Autorità nazionale palestinese. H1 circonda dall'alto H2, la porzione orientale più piccola e più in basso, che comprende i vicoli del centro storico, dove vivono circa 800 ebrei e 40 mila palestinesi, che devono passare continuamente attraverso i checkpoint militari dove gli uomini si alzano la maglietta e le donne svuotano le borse. Ci sono strade a cui i palestinesi non possono più accedere, come via Shuhada, via dei martiri, dove un tempo c'era il mercato e che dopo la strage nella moschea è stata chiusa.

I soldati discutono sul da farsi, io aspetto all'ombra di un albero. Alla mia destra c'è la strada che porta a Hebron. Alla mia sinistra la strada che si arrampica verso le colonie e poi oltre fino a Tel Aviv. Finalmente la radio della camionetta militare gracchia qualche istruzione, è l'ufficiale in comando locale, dice ai suoi soldati di non farmi entrare a Hebron. Poco male, è da lì che sono arrivata e stavo già uscendo. È tempo di lasciare le colline e tornare verso la costa dei turisti.

«No alla mescolanza religiosa, perché poi spariscono gli ebrei», è la preoccupazione delle adolescenti israeliane che ho incontrato a Hebron. I matrimoni misti sono rari tra gli ebrei d'Israele: solo il 7 per cento di loro è sposato o convive con un partner non ebreo.[3] Sono rari, però aumentano: cinque anni prima, nel 2017, erano il 2 per cento. Da qui la crescente paranoia di alcuni sul «problema» dei matrimoni misti, che metterebbero a repentaglio il carattere ebraico della nazione.[4] La voce più ossessiva su questa faccenda è quella di Lehava, che vuol dire «fiamma» ma è anche l'acronimo di «Prevenzione dell'assimilazione in Terra Santa»: un gruppo con 10 mila iscritti che si oppone a ogni relazione tra ebrei e non ebrei. Un'organizzazione che gli Stati Uniti d'America hanno definito: «la più grande organizzazione estremista violenta in Israele».[5]

Negli anni, i militanti di Lehava hanno gestito pagine Facebook per identificare e additare le coppie miste e hanno organizzato campagne per la segregazione etnica sulle spiagge. Nel 2010, Lehava ha vissuto un breve periodo di notorietà fuori dai confini dopo aver ingaggiato una battaglia pubblica per convincere la top model israeliana ed ebrea Bar Refaeli a lasciare il suo fidanzato cattolico dell'epoca: Leonardo DiCaprio. Nel 2014, tre membri di Lehava hanno dato fuoco a una scuola mista con allievi arabi ed ebrei. Dopo l'attacco incendiario, la polizia israeliana ha arrestato il fondatore, Ben-Zion Gopstein detto «Bentzi», ed è andata a perquisire la sede di Lehava a Gerusalemme, che si trova nello stesso edificio dove c'è la sede di Potere ebraico, il partito di Itamar Ben-Gvir, il ministro della Sicurezza nazionale nel governo di Benjamin Netanyahu.[6] Gopstein – che ha sulle spalle un'incriminazione per terrorismo, che nel 2019 è stato messo al bando dal Parlamento israeliano,[7] che nel 2024 è stato sanzionato dagli Stati Uniti – è un consigliere di Ben-Gvir.[8] E Ben-Gvir è il vicino di casa delle ragazzine con lo striscione in mano, vivono tutti nell'insediamento di Kiryat Arba che è la piccola capitale della radicalizzazione israeliana, dove le ossessioni di Lehava hanno conquistato anche i cuori dei minorenni.

Il laboratorio dell'occupazione

Negli incontri con l'esercito in qualsiasi parte in guerra del mondo capita che i soldati siano nervosi, sospettosi o semplicemente che ci tengano a sottolineare l'ovvio: come funziona il rapporto di potere che regola quella situazione, chi ha l'autorità per farti perdere tempo, sequestrarti il materiale raccolto in settimane di lavoro, toglierti il visto giornalistico o la libertà, anche. Non mi era mai capitato però che i soldati litigassero tra loro sul punto «cosa fare con me» davanti a me, come succede a Hebron. La scena è quasi buffa e al contempo è un esempio piccolo di due questioni serie. La prima è la spaccatura dentro gli apparati di sicurezza israeliani tra chi ha una concezione professionale del proprio ruolo e chi ha una concezione clanica: i soldati che sono anche coloni si percepiscono come la sicurezza privata degli insediamenti, difendono gli altri membri della propria comunità a priori, anche quando sono gli aggressori. Il traduttore Yossi e il soldato di Tel Aviv si sono vergognati di loro davanti a me. Di questa spaccatura parleremo più avanti, quando le due componenti cominceranno a picchiarsi tra loro nelle basi militari. La seconda questione è più importante: la scena è la versione indolore e in miniatura di quello che succede ogni giorno ai palestinesi di Hebron, la città-laboratorio dell'occupazione in tutta la Cisgiordania: i soldati-coloni si disinteressano alla dinamica di uno scontro e difendono sempre la stessa parte, la loro.

A Hebron ci sono centinaia di coloni israeliani che non dovrebbero stare qui, sulla base di regole che valgono in generale per le occupazioni militari,[9] sulla base della legge marziale scritta dagli israeliani quando hanno conquistato questa terra nel 1967[10] e sulla base delle risoluzioni internazionali pensate per questo pezzo di mondo con l'obiettivo di non uccidersi, o uccidersi di meno, e permettere sia agli israeliani sia ai palestinesi di autodeterminarsi.[11] E non dovrebbero stare qui nonostante da millenni gli ebrei ci siano sempre stati, per lo stesso principio secondo cui gli israeliani considerano preoccupante che i palestinesi di Tulkarem, in Cisgiordania, vogliano tornare a Haifa – che dal 1948 è una città israeliana – perché il loro nonno è nato lì; o che quelli di Gaza rivendichino Ashkelon, nel sud di Israele, perché la loro nonna è nata lì. Sono soluzioni imperfette e dolorose ma sono quelle date in mancanza di meglio.

Secondo queste regole tutti i coloni sono illegittimi, ma non tutti i coloni in Cisgiordania sono mossi da ragioni messianiche o sognano il Grande Israele, alcuni vivono qui senza un progetto politico, perché fare la spesa o costruire una casa costa molto meno che a Gerusalemme ovest o a Tel Aviv. La loro sola presenza sarebbe sufficiente a creare tensioni, in più tanti coloni sono decisamente estremisti e le loro azioni violente richiedono l'intervento continuo dell'esercito e della polizia israeliana. I soldati e i poliziotti spesso abitano anche loro negli insediamenti illegali. In teoria, se un palestinese che vive sotto occupazione subisce un furto oppure un'aggressione ha il diritto di andare al commissariato della zona per sporgere denuncia. In pratica: il commissariato spesso è dentro un insediamento illegale e gli uomini in divisa a cui deve rivolgersi sono loro stessi coloni, che tutte le mattine portano i figli nella stessa scuola dove li portano quelli che il palestinese di turno avrebbe voluto denunciare, ma alla fine ha rinunciato. Questa sovrapposizione tra chi sulla carta dovrebbe garantire la sicurezza di tutti e gli aggressori, tra militari e coloni, è diventata più chiara dopo il 7 ottobre, quando i soldati professionisti sono stati schierati in massa nella Striscia di Gaza e i coloni della Cisgiordania hanno indossato la divisa per presidiare questa zona occupata. L'esito è che i coloni violenti il cui obiettivo ultimo è l'espulsione dei palestinesi, sentendosi protetti, sono incentivati a creare più tensioni, innescando un meccanismo che porta qui ancora più protezione, ancora più militari e ancora più coloni. Tutto questo non accade per caso, ma da un po' di tempo è il frutto di una scelta politica: coccolare i coloni e i leader politici che li rappresentano a qualsiasi costo.

Prima del mio incontro con le ragazze con lo striscione, con il colono rabbioso che non voleva farmelo fotografare e con i soldati che gli hanno dato ragione, ero già stata in giro per gli insediamenti israeliani attorno a Hebron. Siamo a ottobre del 2023, c'è appena stata la più grave strage di ebrei dall'Olocausto e sta per cominciare l'invasione di terra della Striscia di Gaza. A Hebron gli spostamenti dei palestinesi nell'H2, la zona orientale, che erano già limitati, da tre settimane sono diventati quasi impossibili. Per i palestinesi e soltanto per loro è entrato in vigore un coprifuoco: possono uscire di casa per mezz'ora la mattina, dalle 8 alle 8.30, e per un'ora la sera, dalle 18 alle 19. Centinaia di migliaia di persone sono chiuse in casa, e molte di loro sono abituate a lavorare alla giornata: se non si presentano in cantiere oppure in negozio, non portano a casa uno *shekel*.[12] Per i coloni queste regole non valgono, loro possono muoversi in qualsiasi direzione a qualsiasi ora. La grande maggioranza degli abitanti di Hebron è confinata in casa, e le strade sono di una minoranza che sgomma suonando il clacson per sottolineare la differenza.

Camminando per le vie del centro svuotate di palestinesi, incontro una coppia di coloni: lui si chiama Aaron e va in giro in canotta con un fucile appeso al petto, lei ha la testa avvolta in un fazzolettone rosso. Lui si fa fotografare, lei – come quasi tutte le donne che ho incontrato negli insediamenti israeliani – no. Chiedo se dopo il 7 ottobre hanno cambiato le loro abitudini. Mi risponde Aaron per dirmi di no, che non hanno paura, anzi sono i palestinesi ad averne «e fanno bene. I musulmani conoscono a memoria il loro libro sacro, sanno che se attaccano devono aspettarsi una risposta, sanno che funziona così: occhio per occhio. E quindi stanno fermi, e tremano, e ci aspettano». Non sono parole grosse per fare il duro, non sono ipotesi: ieri a Tulkarem, una città nel nord della Cisgiordania dove sono appena stata, un gruppetto di israeliani ha ucciso 3 palestinesi; sempre ieri, sulle colline a sud di Hebron che danno il nome agli estremisti più famosi, un colono ha sparato contro un'attivista israeliana venuta a portare la sua solidarietà a un gruppo di amici palestinesi che il colono in questione aveva aggredito con una ruspa cercando di distruggere la loro fattoria e in parte riuscendoci.

Per Aaron e per sua moglie il pogrom di tre settimane fa e lo scoppio della guerra hanno avuto almeno una conseguenza positiva: oggi tutti vogliono la distruzione di Hamas e sempre più israeliani vogliono anche la distruzione dei palestinesi. Mi dicono: «Gli abitanti della Striscia di Gaza hanno votato per Hamas» e quindi sarebbero corresponsabili dei crimini di Hamas – pazienza se quando hanno votato era il 2006, e la maggioranza della popolazione della Striscia di oggi all'epoca non era maggiorenne e non poteva votare, e se il 40 per cento della popolazione di oggi, che ha meno di 14 anni, all'epoca non era neanche nata. Mi dicono: «Hanno festeggiato il pogrom» e quindi sarebbero colpevoli quanto Hamas – fa niente se è impossibile, ovviamente, anche dire che tutti i cittadini di Gaza quel giorno hanno festeggiato. Quelli con cui parlavo a distanza, l'8 ottobre non erano eccitati ma terrorizzati.

Aaron si gratta la faccia abbronzata, mi dice che a Gaza non ci sono innocenti, che Israele si fa troppi scrupoli, che deve fare come hanno fatto gli americani dopo l'attacco giapponese a Pearl Harbor nella seconda guerra mondiale – intende le bombe atomiche su Hiroshima e Nagasaki dell'agosto 1945. Lo dice senza considerare che una bomba nucleare tattica su Gaza ammazzerebbe anche gli israeliani, perché siamo pur sempre in un pezzo di terra – Israele e la Palestina – grande in totale quanto la Toscana.

Questi due coloni non sono la voce di Israele, sono gli elettori dei partiti estremisti che messi assieme hanno preso l'8 per cento alle ultime elezioni. Ma Israele ha un problema interno che non vuole vedere: gente che va in giro armata e mascherata, che rincorre in auto i palestinesi filmandosi mentre prova a investirli, soldati che aggrediscono altri soldati e li accecano con lo spray al peperoncino nelle basi militari trasformate in carceri speciali perché i secondi non sono d'accordo con le torture, istituzioni che – a seconda dei casi – hanno deciso di chiudere gli occhi o di proteggere o di fomentare questo stato di cose.

Non tutti però nelle istituzioni israeliane partecipano alla linea «coccolare i coloni». Mentre mi muovo per le vie di Hebron conto gli appartamenti e i palazzi seminuovi, ristrutturati per metà e poi abbandonati, infiocchettati da un nastro di plastica giallo come quello che si usa per isolare la scena di un crimine. Ed effettivamente il passaggio di proprietà di queste case è, secondo i tribunali israeliani, illegale. I giudici che hanno fatto mettere i sigilli ai portoni hanno invalidato gli acquisti di case palestinesi comprate dai coloni israeliani per espandersi e conquistare altro territorio in città. Ed è per questo discostarsi di alcune istituzioni indipendenti dalla linea del governo che per tutto il 2023 la società israeliana si è spaccata sulla riforma giudiziaria voluta dall'esecutivo di Netanyahu per limitare i poteri della Corte suprema, per impedire che il potere giudiziario mettesse becco nelle scelte del potere politico su tanti argomenti tra cui l'occupazione. Milioni di persone sono scese in piazza in un paese piccolo che in totale ha 10 milioni di abitanti. Sono state le proteste più grandi nella storia dello Stato ebraico e sono andate avanti fino al sabato prima del 7 ottobre, quando le priorità di tutti gli israeliani sono cambiate.

La capitale della radicalizzazione

Questa storia comincia un po' più di mezzo secolo fa, quando gli insediamenti israeliani in Cisgiordania non esistono. È il 1967, la Cisgiordania è annessa alla Giordania e la Striscia di Gaza è occupata dall'Egitto. La Giordania, l'Egitto e la Siria prima minacciano e poi preparano la guerra contro Israele ma si fanno malissimo: il conflitto dura sei giorni e lo Stato ebraico non soltanto non arretra, ma avanza in tutte le direzioni, strappa le alture del Golan alla Siria, la Striscia di Gaza e il Sinai all'Egitto, la Cisgiordania alla Giordania. Stupisce il mondo ma anche se stesso. A Brooklyn, i clienti *gentili* si complimentano con i commercianti ebrei come se avessero guidato personalmente i battaglioni; nell'Europa comunista, gli ebrei repressi festeggiano la vittoria dei *loro* contro gli eserciti arabi sostenuti dall'Unione Sovietica. «Come l'Olocausto, questa vittoria è semplicemente troppo, un eccesso di Storia. Come può un ebreo rimanere in equilibrio?», scrive il giornalista americano-israeliano Yossi Klein Halevi.[13] Il 1967 viene vissuto come l'anno, spartiacque, del riscatto. La fine dell'epoca della paura. Le vittorie militari superano di molto le migliori aspettative dei generali che le hanno appena realizzate e che ora non sanno di preciso cosa farci. I generali sono innanzitutto due e sono di sinistra: il comandante in capo delle Forze armate israeliane Yitzhak Rabin e il ministro della Difesa Moshe Dayan.

Dayan è nato nel kibbutz socialista Degania Alef, che all'epoca era sotto Beirut nell'organizzazione amministrativa dell'impero ottomano e che oggi è nel nord di Israele. Da ragazzo era nelle forze speciali dell'Haganah e c'era quando gli ebrei di Hebron, nel 1929, avevano rifiutato la protezione della milizia durante la rivolta perché contavano sui buoni rapporti con i vicini arabi e poi erano finiti massacrati. Dayan con l'Haganah si è scontrato con i coloni britannici che governavano la Palestina storica – perché avevano proibito agli ebrei europei di immigrare in Israele proprio quando nel nostro continente cominciava l'Olocausto –,[14] ma ha anche combattuto accanto ai britannici durante la seconda guerra mondiale, perché Adolf Hitler era un nemico comune. Ha una benda nera sull'occhio sinistro perché lo ha perso per mano di un cecchino francese amico dei nazisti della Repubblica di Vichy, a Beirut, in Libano, non lontano dal posto in cui è nato.

A quell'epoca, nel 1940, una fazione molto piccola ed estremista si era staccata dalla componente di destra dell'Haganah e aveva provato a fare accordi con i fascisti italiani e con i nazisti tedeschi, che considerava un problema minore rispetto agli occupanti britannici della Palestina, e s'era messa ad ammazzare gli inglesi proprio nel bel mezzo della seconda guerra mondiale. Il gruppo di ebrei armati che durante la guerra ha tifato per la parte sbagliata è noto con il nome di Banda Stern, e i suoi simboli riappariranno, mezzo secolo dopo, nella piccola capitale della radicalizzazione israeliana: l'insediamento di Hebron.

Nel giorno di Pasqua, il 12 aprile 1968, il ministro della Difesa Dayan è temporaneamente fuori uso: immobilizzato in ospedale dopo un incidente. Moshe Levinger, un rabbino trentacinquenne «posseduto da uno zelo messianico»,[15] organizza una gita a Hebron per Pesach, la Pasqua ebraica, e raduna una cinquantina di seguaci pronti ad andare con lui in questa missione apparentemente innocua. Il comandante militare responsabile dell'area concede il permesso a una condizione: che visitino la città di Abramo soltanto per la Pasqua e non rimangano nei territori palestinesi per un tempo più lungo di ventiquattro ore. Quella mattina però i seguaci del rabbino forniscono un indizio delle loro reali intenzioni: partono per la gita trascinandosi dietro i frigoriferi e le lavatrici. Arrivano nell'hotel el Haled, di proprietà della famiglia palestinese Qawasmi, dove hanno prenotato le loro stanze. Entrano nelle cucine e le lavano secondo le regole *kasher*. Salgono sul tetto dell'albergo e ci piantano una bandiera bianca e blu con la stella di David nel mezzo, e promettono: «Da qui non ce ne andremo mai più».

Un gruppetto di ebrei messianici, che non sa tenere in mano una pistola, che non ha combattuto la guerra dei Sei giorni e non ha conquistato la Cisgiordania, ha appena fregato il generale Dayan, approfittando della sua vittoria e stravolgendone il significato: da guerra di difesa a guerra di espansione. «Non ho fatto il mio dovere come ministro della Difesa quando non ho impedito questo insediamento pirata a Hebron. Ne conoscevo il significato, sapevo che sarebbe stata una catastrofe con implicazioni pericolose per il futuro»,[16] dirà Moshe Dayan quando ormai sarà troppo tardi.

Dayan dava per scontato che la sua fosse una generazione piena di odio, ma ne immaginava una futura capace di convivere nonostante il sangue versato e gli abusi subiti da chi l'aveva preceduta, e arrivò a paragonare l'occupazione allo stupro e i suoi figli ai figli nati dopo una violenza. Quando ancora i generali israeliani e le poetesse palestinesi si parlavano e non era neppure una grande notizia, Moshe Dayan disse a Fadwa Tuqan: «È come nella relazione tra un uomo e una donna che lui ha rapito, la quale non lo ama e non vuole sposarlo. Quando nascono i figli, questi vedono lui come il padre e lei come la madre. Il rapimento non ha più alcun significato per loro».[17]

Per Dayan lo Stato della Palestina storica, che da millenni i suoi antenati chiamavano Eretz Israel, poteva e doveva comunque diventare uno solo – nato nella brutalità ma a un certo punto dimentico della brutalità. E il senso della guerra era: bisogna farne bene una per non farne altre, non farne male molte per farne molte altre. È andato tutto nel verso opposto.

Dayan è morto e il rabbino Levinger ha conquistato più spazio. Si è opposto a ogni tentativo di ricacciare indietro i suoi seguaci dicendo che Hebron non sarebbe tornata a essere *Judenrein* – usando la parola nazista per indicare un posto «pulito dagli ebrei». Non ha cercato scuse, ha messo in chiaro da subito che sicurezza e occupazione non sono la stessa cosa, non sono neanche sinonimi. Dal punto di vista del pioniere degli insediamenti civili in Cisgiordania, fin dal principio le colonie non servivano a proteggere Israele: «È un grosso errore enfatizzare l'aspetto della sicurezza» aveva detto in un'intervista con il «New York Times» nel 1979. «Se vivi in un appartamento di due stanze accanto a un vicino ostile, non dici che la seconda stanza ti serve per la sicurezza. L'intero appartamento ti appartiene. Allo stesso modo, l'intera Eretz Israel è terra ebraica. È la Terra Promessa. Abramo, Sara e Isacco furono sepolti qua attorno.»[18] Levinger ha flirtato con l'organizzazione terroristica Jewish Underground, di cui faceva parte suo figlio, che ha adottato il simbolo della Banda Stern, quella che nel 1940 si era schierata dalla parte sbagliata della Storia. «Non ho avuto il privilegio di uccidere quell'arabo, non che io non volessi farlo o che lui non meritasse di morire, ma non ho avuto questo privilegio»,[19] sono le parole con cui il rabbino si difenderà in tribunale dall'accusa di omicidio per aver sparato a un palestinese. «Nel corso degli anni, ho compiuto decine di azioni, e tutte erano contro la legge. Però valeva la pena violare la legge, perché tutte queste azioni hanno trasformato l'intero Israele», dirà Levinger. Sul cambiamento di Israele, aveva ragione. Il primo ministro Benjamin Netanyahu, nel 2015, userà parole molto diverse da quelle di Moshe Dayan per descrivere questo rabbino e il suo progetto: «Un esempio eccezionale di una generazione che ha cercato di realizzare il sogno sionista – nello spirito e nei fatti – dopo la guerra dei Sei giorni».[20]

Oltre un dirupo appena fuori da H2 e dal centro cittadino – anche se di fatto ormai sono un luogo unico – c'è Kiryat Arba, uno dei nomi biblici di Hebron, l'evoluzione del primo insediamento fondato da Levinger che il generale Dayan aveva definito «una catastrofe con implicazioni pericolose per il futuro».[21] Una colonia di circa 7 mila abitanti dove oggi vive Itamar Ben-Gvir con sua moglie e i suoi cinque figli, dove le ragazzine hanno la paranoia dei matrimoni misti, dove sono riapparsi i simboli della Banda Stern e dove abitava Baruch Goldstein, lo stragista della moschea Ibrahimi.

A Kiryat Arba c'è la tomba di Goldstein, una lapide di pietra spoglia in mezzo a uno spiazzo di terra battuta. Dietro la tomba c'è un muro coperto di scritte: sono graffiti che esaltano la memoria del terrorista. La tomba di Goldstein negli anni è diventata un luogo di pellegrinaggio per estremisti, per esempio Ben-Gvir ci ha portato sua moglie per fare colpo al loro primo appuntamento. Nato a Brooklyn, Goldstein era un medico e un membro (prima, negli Stati Uniti) della Jewish Defence League e (poi, in Israele) del partito Kach, nella cui lista era stato candidato come terzo nome alle elezioni del 1984. Entrambe le organizzazioni sono state fondate da un altro rabbino, Meir Kahane. A Kiryat Arba c'è anche un parco intitolato a Kahane, che è l'uomo da conoscere per capire un pezzo rumoroso e determinato della società israeliana. Baruch Goldstein, Itamar Ben-Gvir e Bentzi Gopstein, il leader di Lehava che vuole bruciare le scuole miste, sono tutti suoi seguaci.

Il fondatore

Quando entro nella casa di Ronen Bergman a Tel Aviv mi trovo davanti un gatto nero con il soprannome di un pasdaran iraniano e, incorniciata al centro della parete, una copia del «New York Times» di sabato 15 maggio 1948, il giorno dopo quello in cui è nato Israele. Il titolo a caratteri maiuscoli annuncia: «I sionisti proclamano il nuovo Stato di Israele. Il presidente Truman lo riconosce e auspica la pace. Bombe su Tel Aviv. L'Egitto ordina l'invasione». Tutto attorno ci sono pile disordinate di libri in ebraico e in inglese che vanno dal pavimento al soffitto, sullo schermo della tv c'è un video in pausa sull'immagine di un palazzo di Gaza distrutto che sembra girato da un drone militare. Chiude lo schermo del computer con un mezzo articolo scritto e imbraccia il gatto.

Bergman è il giornalista investigativo premio Pulitzer a cui il più celebre direttore del Mossad, Meir Dagan, ha consegnato il suo testamento di informazioni. Ha pubblicato gli scoop che hanno fatto scoprire al mondo la dinamica degli omicidi mirati dei servizi segreti israeliani, compresi due recenti e clamorosi: l'assassinio dello scienziato pasdaran padre del programma nucleare iraniano Mohsen Fakhrizadeh con una mitragliatrice-robot governata a distanza grazie all'intelligenza artificiale e l'uccisione del capo di Hamas, Ismail Haniyeh, a Teheran nell'estate del 2024. Dopo aver frequentato, studiato e raccontato per anni i servizi d'intelligence del suo paese, Bergman è giunto alla conclusione che sanno come difendere lo Stato ebraico dai nemici fuori dai confini. Ma hanno fallito nel difendere Israele dal suo nemico interno: il kahanismo armato.

Per Bergman, la radicalizzazione israeliana comincia dopo la vittoria nella guerra dei Sei giorni nel 1967. Ed è un prodotto d'importazione: arriva da Brooklyn. Lì, nel 1968, il rabbino Meir Kahane fonda un gruppo con lo scopo di combattere l'antisemitismo ma che sceglie un modo peculiare di farlo: il terrorismo. Il suo nome è Jewish Defence League. Nel 1971, a 39 anni, Kahane si trasferisce in Israele dagli Stati Uniti e subito comincia, da voce isolata, a pronunciare una parola che all'epoca era inaudita: *gersuh*, «espulsione». Kahane vuole la deportazione di tutti i palestinesi, sia quelli che sono cittadini israeliani sia quelli che abitano nei territori occupati. E per portare a compimento il suo obiettivo politico fonda il partito Kach, il cui nome viene dal motto dell'Irgun, la milizia paramilitare di destra che s'era staccata dall'Haganah e che aveva partorito la Banda Stern. *Raq kach* significa «soltanto così»: nel logo dell'Irgun la frase è scritta sotto una cartina stilizzata di un futuro Stato ebraico che comprende la Palestina mandataria e l'Emirato di Transgiordania, ovvero gli attuali Israele, Palestina e Giordania. Israele deve essere soltanto così: grande.

«Nel 1980, Kahane è già stato arrestato dalle autorità israeliane 62 volte» nota Bergman, che scandisce in sillabe ses-san-ta-due-vol-te, come a dire che all'epoca si usava una certa durezza con gli estremisti. Il partito di Kahane non decolla: alle elezioni del 1981 riceve circa 5 mila voti, lo 0,2 per cento. L'anno successivo, però, Israele firma la pace con l'Egitto a cui restituisce il Sinai, che aveva conquistato nella guerra dei Sei giorni del 1967, costringendo i coloni ebrei che intanto si erano trasferiti nella penisola a evacuare. La più grande di queste colonie è Yamit, a sud della Striscia di Gaza. Lì i residenti estremisti non se ne vogliono andare. Alcuni si chiudono in un bunker minacciando il suicidio. Il governo israeliano non sa cosa fare e chiede a Kahane di offrirsi come intermediario per farli ragionare. A quel punto Kahane e i suoi seguaci vanno effettivamente a Yamit, però per unirsi ai coloni in rivolta.

Mentre rade al suolo l'insediamento coi bulldozer, l'esercito israeliano deve usare una berta per sfondare il tetto del bunker e tirare fuori a forza uno a uno[22] gli asserragliati. Quel giorno Meir Kahane ha finalmente trovato la sua base di consenso politico: i coloni. Alle elezioni del 1984, dopo una battaglia legale contro la Commissione elettorale centrale che voleva mettere al bando il partito per razzismo, Kach prende l'1,2 per cento dei voti ed entra in Parlamento. Con un solo seggio: quello di Meir Kahane.

Il presidente dello Stato ebraico si rifiuta di rivolgere la parola al parlamentare Kahane, che la maggioranza degli israeliani considera un fascista, dunque un nemico esistenziale. I suoi discorsi vengono boicottati: li tiene nell'aula vuota, alla presenza soltanto del presidente dell'assemblea e degli stenografi, gli unici che per legge devono rimanere sempre ai loro posti. Le sue iniziative legislative – tra cui una proposta di mettere al bando i matrimoni misti, che anticipa la paranoia di Lehava – vengono ignorate. Ma nonostante il boicottaggio le idee di Kahane hanno in qualche modo trovato un palcoscenico e da lì possono penetrare nella società israeliana. La sua stessa presenza alla Knesset, per quanto vuota, fa qualcosa: lo normalizza. Infatti prima delle elezioni successive i sondaggi non danno più il partito Kach a un solo seggio, come all'ultima tornata, ma tra i 3 e i 12 seggi.

Ronen Bergman ha 23 anni e un giorno vede sua madre tornare a casa sconvolta dopo una conversazione con alcuni conoscenti, uno dei quali le ha detto: «Non è un dramma se fra tante fazioni politiche ce n'è anche una che propone una soluzione molto radicale: deportare tutti i cittadini arabi». La madre di Bergman è sopravvissuta ai campi di sterminio dopo essere stata venduta ai nazisti dai suoi vicini di casa polacchi. Come tanti ebrei europei, in Israele non c'è andata da colonizzatrice, ma in fuga dalla morte, da profuga, perché lì aveva le radici e alcuni lontani parenti. L'idea che quarant'anni dopo qualcuno in Israele possa ipotizzare una grande deportazione di cittadini su base razziale – tutti gli arabi in quanto arabi – le fa perdere il sonno. Chiede a suo figlio di prometterle che avrebbe fatto qualcosa, non sapendo dire di preciso cosa, per fermare il kahanismo. «Mi pare chiaro che né io né altri abbiamo fermato il kahanismo» dice oggi Ronen Bergman con un sorriso diagonale, amaro. Però, da giornalista con le fonti migliori negli apparati d'intelligence del suo paese, negli ultimi otto anni le ha usate anche per indagare su come il kahanismo sia passato dal parlare in un'aula vuota a prendere il controllo di un pezzo dello Stato di Israele.[23]

Quando nel 2015 un gruppo di terroristi israeliani lancia bombe incendiarie dentro una casa palestinese uccidendo una famiglia – Reham Dawabsheh, la madre di 27 anni; Saad Dawabsheh, il padre di 31 anni e Ali, il figlio di 18 mesi –, Bergman domanda a uno dei suoi contatti, il generale ed ex capo dei servizi di sicurezza interni Ami Ayalon, come mai, visto che lo Shin Bet è bravo a prevenire e punire il terrorismo arabo, sia incapace di usare le stesse tecniche per fermare il terrorismo ebraico. Il generale risponde che il problema è politico e non tecnico.

«Ayalon» prosegue Bergman «fa parte della vecchia generazione del Mossad, delle Forze armate e dello Shin Bet, che vede Israele come una democrazia in cui la legge deve proteggere e punire tutti allo stesso modo. Per molti israeliani negli apparati militari e d'intelligence come lui, la clamorosa vittoria nella guerra dei Sei giorni del 1967 doveva essere usata in un modo preciso: scambiare la terra con la pace», restituire i territori conquistati in cambio del riconoscimento del proprio diritto a esistere da parte dei vicini arabi. «Per una minoranza molto determinata di ebrei però quella vittoria aveva un significato diverso: il compimento del Grande Israele biblico a scapito degli arabi.» La tendenza politica di cui si fa portavoce Meir Kahane.

L'impunità comincia con i primi insediamenti costruiti in Cisgiordania negli anni Settanta, che violano la legge marziale dello Stato di Israele. I militari non sono contenti, ma la politica preferisce tollerare le piccole colonie piuttosto che mandare ebrei armati a deportare altri ebrei – non sono trascorsi neanche trent'anni dall'Olocausto. L'impunità prosegue sotto forma di tolleranza e disinteresse nei confronti delle intimidazioni, dei furti di terra e di bestiame, della distruzione della proprietà privata e degli omicidi di palestinesi. «La stampa israeliana non si occupa di questi casi, i cittadini non vedono i crimini», è il rimprovero di Bergman alla sua categoria. La mancanza di copertura è tale che quando i militanti di Jewish Underground piantano tre bombe – due delle quali esploderanno – nelle automobili di altrettanti sindaci palestinesi[24] in Cisgiordania, il procuratore generale israeliano non se ne accorge fino a quando un gruppo di professori universitari di Gerusalemme non lo avvisa con una lettera. Nel frattempo la destra estremista e gli ebrei messianici infiltrano i ranghi inferiori degli apparati di sicurezza, e così comincia ad accadere che gli ordini impartiti dall'alto, dai vertici che appartengono alla fazione che crede nello Stato di diritto e che vorrebbe scambiare la terra con la pace, si perdono man mano che si scende lungo la catena di comando.

L'estremismo è lì, se non viene affrontato prima o poi esploderà. Come scrisse Čechov, se nel primo atto del dramma compare un fucile prima della fine sparerà. Il fucile in questo caso è quello di Baruch Goldstein.

Quando Goldstein commette il massacro della moschea di Abramo, Israele mette al bando Kach e Kahane Chai, i due rami del partito che si erano separati dopo la morte del fondatore. L'allora primo ministro dello Stato ebraico, il generale di sinistra Yitzhak Rabin che in quegli anni sta cercando di fare la pace con i palestinesi, definisce Goldstein «una vergogna per il sionismo e un imbarazzo per il giudaismo». L'anno successivo un ragazzo con la faccia paffuta, gli occhiali e la kippah finisce in televisione mentre mostra il simbolo della Cadillac che ha strappato dall'auto di Rabin e dice: «Se siamo arrivati all'auto del primo ministro, possiamo arrivare anche a lui!». E infatti. Pochi giorni dopo Rabin viene ucciso da un estremista kahanista, un compagno di lotte politiche del ragazzo con la faccia paffuta che compare nel video diventato famoso: Itamar Ben-Gvir.

Con la morte di Rabin e, poco dopo, con le bombe di Hamas sugli autobus durante la Seconda intifada, finisce un'epoca e ne comincia una nuova – in cui né la sinistra né il dialogo con i palestinesi andranno di moda.

Per Bergman il punto di svolta è il 2005, quando l'allora primo ministro di destra Ariel Sharon ordina il ritiro di Israele e fa smantellare gli insediamenti dei coloni nella Striscia di Gaza. «Per gli estremisti e i messianici quel passaggio fu un'epifania. Capirono che se avessero lasciato demolire le colonie una prima volta, sarebbe accaduto di nuovo in futuro: non potevano permetterlo.» Negli anni Settanta i primi estremisti avevano occupato pezzetti della Cisgiordania mossi dallo stesso timore: «L'occupazione militare dei territori palestinesi sarebbe potuta finire da un momento all'altro», perché è regolata da leggi speciali provvisorie per natura. «Bastava un ordine politico e l'esercito si sarebbe ritirato. Di conseguenza il loro ragionamento fu: "Se ci mettiamo a vivere qui noi che siamo civili e siamo risoluti a non andarcene per nessuna ragione, allora non basterà un ordine di evacuazione per far perdere a Israele questo pezzo di terra, che è uno dei luoghi dove il Messia potrebbe un giorno arrivare. E al Messia non deve capitare di venire sulla terra e finire in mezzo agli arabi".» Lo smantellamento degli insediamenti a Gaza nel 2005 ha spaventato i coloni, che da quel momento si sono incattiviti e si sono organizzati meglio: hanno capito che il modo più efficace per far avanzare il loro progetto, più che combattere le istituzioni con il terrorismo, era infiltrarle.

Un nuovo apice di questo incattivimento, quando i rappresentanti dei coloni sono ormai arrivati a conquistare i ministeri, lo abbiamo visto all'inizio del 2023. Il 26 febbraio centinaia di coloni si presentano nel villaggio palestinese di Huwara e appiccano il fuoco alle case e alle automobili che incontrano sul loro cammino. Il comandante dell'esercito israeliano responsabile della zona, che fa parte della corrente secondo cui la legge è uguale per tutti, lo definisce senza mezzi termini «un pogrom». Nel pogrom di Huwara più di cento palestinesi vengono feriti e un ragazzo viene ucciso: la polizia proverà a sostenere che sia morto di infarto, anche se in una foto del corpo scattata all'obitorio – che Bergman conserva sul suo smartphone – si vede che ha un foro di proiettile in mezzo al petto. La polizia risponde al ministro della Sicurezza nazionale Itamar Ben-Gvir, lo stesso Ben-Gvir che vive da colono nella capitale della radicalizzazione, che al primo appuntamento con sua moglie l'ha portata sulla tomba di Baruch Goldstein e che difende i membri di Lehava che bruciano le scuole. La polizia che risponde a lui non indaga sull'omicidio nonostante una GoPro attaccata al giubbotto antiproiettile di un agente abbia ripreso la scena del delitto.

Ai vertici delle forze di sicurezza israeliane, dice Bergman, la fazione secondo cui la legge è uguale per tutti è ancora maggioritaria, ma «più passa il tempo e più i comandanti per cui un omicidio è un omicidio soltanto se il morto è un ebreo non vengono puniti, più i loro metodi vengono replicati e la fazione degli impuniti acquista potere». E se questo processo – che dal 7 ottobre va avanti più veloce – non viene interrotto, a un certo punto sarà tardi per fermarlo, perché gli impuniti avranno soppiantato la vecchia generazione.

Pacifisti esausti

Se la capacità di convivere fra israeliani e palestinesi potesse essere visualizzata come un ampio spettro, dovremmo piazzare i kahanisti a un'estremità: capacità di convivenza zero. All'estremità opposta, quella della massima capacità di convivenza, metteremmo invece le riunioni di quartiere a Ramla e Lod, due città gemelle poco lontane dall'aeroporto Ben Gurion di Tel Aviv, il posto dove atterra la maggior parte delle persone che arriva in Israele. Prima del 1948 erano città arabe, poi buona parte della popolazione palestinese è stata cacciata oppure è scappata e sono arrivati gli ebrei immigrati da tutto il Medio Oriente e dall'Africa. Quasi un milione di persone dall'Eritrea, dall'Egitto, dall'Iraq, dalla Siria, dalla Libia, dallo Yemen, dalla Tunisia; che all'epoca formava la metà della popolazione dello Stato ebraico appena nato. Il risultato è che oggi Ramla e Lod sono due delle città più miste di Israele, più o meno il 40 per cento degli abitanti non è ebreo e tra loro moltissimi sono palestinesi con passaporto israeliano. Diversità però vuol dire tensioni: Ramla e Lod sono state le capitali dell'Intifada dei coltelli, l'ondata di attacchi con le lame da parte di civili palestinesi contro civili e militari israeliani tra il 2015 e il 2016. Nel 2021 lo sfratto di alcune famiglie palestinesi dal quartiere di Sheikh Jarrah a Gerusalemme est ha scatenato una piccola intifada e ancora una volta l'epicentro è stato a Lod: macchine carbonizzate, saccheggi, pestaggi e morti stesi sui marciapiedi. In quell'occasione Netanyahu, che all'epoca stava cercando di convincere gli estremisti di destra a formare una coalizione di governo con lui, era andato a Lod e aveva tenuto un discorso alla polizia locale, dicendo agli agenti di sedare la rivolta senza preoccuparsi di future commissioni d'inchiesta o di indagini su come lo avrebbero fatto.[25] Dopo gli attacchi di Hamas nel sud di Israele il 7 ottobre, però, a Ramla e Lod non ci sono stati episodi di violenza come tutti si aspettavano. E non ci sono stati nemmeno dopo le prime bombe israeliane su Gaza e l'invasione della Striscia. È per questo che volevo andarci.

«È un miracolo» mi dice Ilda. Faccia larga e velo bianco leggero in testa, Ilda è palestinese, è nata a Gaza City, ma ha il passaporto israeliano e vive a Ramla da quasi tutta la vita. La incontro fuori da una riunione di un'associazione di residenti che si occupa di cercare di mantenere questo equilibrio precario e miracoloso che ha impedito le violenze. Il modo in cui prova a farlo è riunire gli abitanti dei quartieri e farli discutere tra loro a viso aperto di quello che sta succedendo tutto intorno e di quello che sta succedendo a Gaza. Organizzare momenti di confronto in cui ci si può anche insultare, basta non picchiarsi. Non sono discussioni facili: tutti i partecipanti sono arrabbiati, quasi tutti scoppiano a piangere almeno una volta. Però urlano in pochi. Parlare, maledirsi è terapeutico: serve a sfogare la rabbia repressa e impedire che si trasformi in odio, a vedere gli altri come persone e non come i nemici caricaturali dipinti dalla propaganda che viaggia sui canali TikTok e sui canali televisivi.

Quando entro nella sezione dell'associazione di quartiere, uno stanzone spoglio con gli anziani sprofondati nelle sedie di plastica e i giovani a gambe incrociate per terra, la scena mi ricorda la riunione di un gruppo di auto-aiuto: sono tutti in cerchio, ci sono ebrei originari dei paesi arabi, palestinesi musulmani, israeliane laiche, musulmane laiche. A differenza dei gruppi di auto-aiuto, però, i toni sono accesi. Ci si sfoga a turno: una ragazza beduina che fa la commessa, parlando in ebraico, racconta che nel negozio dove lavora sono entrati dei coloni – «degli stronzi» dice lei – e si sono rivolti al suo capo chiedendogli come osasse dare ancora lavoro agli arabi dopo quello che è successo, intimandogli di licenziare la commessa davanti ai loro occhi. Parlavano di lei, ma non l'hanno mai guardata in faccia. L'hanno ignorata anche mentre rispondeva, con un tono deciso ma con le lacrime agli occhi, che nei massacri del 7 ottobre Hamas ha ucciso anche 26 beduini come lei e che gli arabi israeliani musulmani del sud hanno collaborato con l'esercito indicando ai soldati i cespugli dove si erano acquattati i terroristi. Anche i discorsi, incentrati tutti sul racconto a voce alta di esperienze traumatiche appena vissute, ricordano quelli dei gruppi di auto-aiuto.

Un'anziana signora ebrea, con un nastro giallo dedicato agli ostaggi al polso, racconta che una sua amica abitava a Be'eri, il kibbutz di 1000 abitanti dove i miliziani di Hamas hanno ammazzato 130 persone. La sua amica è sopravvissuta alla strage e poi si è sentita dire da un gruppo di estremisti che quelli che sono stati uccisi lì se la sono cercata, perché hanno difeso spesso i palestinesi, perché hanno sempre contestato le bombe e l'occupazione israeliana. Si sono meritati di morire – «di conoscere le conseguenze reali delle loro idee» – perché erano tutti pacifisti che volevano rendere Israele debole. Il 7 ottobre in effetti è stato, anche, una strage di pacifisti. Quel sabato mattina Hamas ha ucciso il sindacalista Chaim Katzman, che era un attivista contro l'occupazione da tutta la vita. E Vivian Silver, di 74 anni, che accompagnava i palestinesi gazawi a curarsi, spediva medicinali ai loro ospedali ed era schierata contro «l'assedio di Gaza» – il blocco via terra, mare e aria imposto da Israele e dall'Egitto dopo la vittoria di Hamas alle elezioni. E tanti altri. Quando gli israeliani hanno trovato un frammento dell'osso del cranio di Vivian Silver in un prato, e hanno capito che non era stata rapita ma era morta, suo figlio è andato in televisione per fare un appello coerente con gli insegnamenti di sua madre: «Adesso non laviamo il sangue dei bambini israeliani con il sangue dei bambini palestinesi».

Arriva l'ora della preghiera, Ilda esce dallo stanzone, si prostra sul marciapiede, rialza la testa, e poi di nuovo, alla fine si sistema il velo e torna dentro. «Io sono nata a Gaza» mi dice. «Mio zio è ancora a Gaza, sempre se è ancora vivo. I miei cugini sono ancora a Gaza, sempre se sono vivi anche loro.» È contenta di stare a Ramla, non solo per il motivo egoista che qui non le cadono le bombe in testa come ai suoi familiari che sono rimasti a Gaza City, ma anche perché, dice, è contenta di vivere in una democrazia e non in una striscia di terra sotto assedio governata da Hamas con la mano pesante. Poi però aggiunge: siamo sicuri che Israele sia ancora una democrazia? E mi racconta di come si autocensura, di come non scrive sui suoi social quello che pensa davvero dei bombardamenti su Gaza, delle bombe che cadono in testa a suo zio e ai suoi cugini, perché ha paura che, se lo facesse, le arriverebbe la polizia a casa. Mentre me lo dice viene interrotta da un uomo, un signore ebreo laico, che ribatte: «Siamo in guerra. Le democrazie in guerra sono diverse dalle democrazie in pace». Prima si pensa a vincere la guerra e a salvarci, poi si pensa al resto. «Sai benissimo» aggiunge lui «che quelli di Hamas, se avessero potuto, avrebbero fucilato anche te.»

Però Ilda sta parlando di una questione che, ancora di più dopo gli attacchi del 7 ottobre, è di attualità in Israele: la repressione delle opinioni palestinesi all'interno del paese. Nell'ultimo anno centinaia di palestinesi con passaporto israeliano come lei sono stati arrestati per le loro dichiarazioni, non per le loro azioni, con l'accusa di aver in qualche forma tifato per Hamas. Il problema, dice Ilda, è che mentre i palestinesi israeliani vengono arrestati per quello che scrivono sui social, nessuno va a prendere gli estremisti israeliani quando fanno lo stesso. Per ogni Ilda che ha paura di scrivere su Facebook quello che pensa dei bombardamenti su Gaza, dove vivono i suoi parenti, c'è un esponente kahanista del governo che non ha paura a dire in pubblico che Gaza va ridotta a una distesa di rovine; che nei bombardamenti è necessario concentrarsi sulla distruzione, non sulla precisione; che bisogna annientare la Striscia con l'atomica.[26]

Venendo qui in auto ho fatto una tappa in un vecchio residence in mezzo al deserto per incontrare Rachel, che ha un passato da figlia dei fiori abituata a vivere in una comune e un presente da pacifista in crisi. La trovo sdraiata sul prato della sua nuova casa provvisoria, è ospite di un hotel fatto così: c'è una struttura principale più grande, poi tante piccole casette basse e in mezzo un parco con le palme. È un albergo-kibbutz e assomiglia a quello da dove viene lei, che chiama casa «un posto dove forse non si può più vivere»: il kibbutz di Kfar Aza. Novecento residenti, 200 morti. Rachel si è salvata perché il suo bunker ha una serratura migliore di quella dei suoi vicini e «perché il mio cane non ha abbaiato» – avrebbe segnalato la sua posizione prima che lei avesse il tempo di nascondersi. I miliziani di Hamas hanno scelto come vittime quelli che dormivano ancora nel proprio letto o quelli con un rifugio più scadente, per risparmiare il tempo che serve a scassinare e usarlo per uccidere oppure per rapire, mi dice Rachel mentre con le dita che tremano si arrotola i ricci rossi.

«Mi sono salvata anche perché mia figlia è insonne e si alza alle sei. Lei ha capito tutto prima degli altri e mi ha trascinata giù di sotto. Quelli che sono abituati a svegliarsi tardi e all'alba fanno fatica a connettere sono morti.» Rachel è rimasta chiusa nel suo bunker dalle 6.30 della mattina di sabato alle 2 della mattina di domenica – ascoltando le grida di morte dei suoi vicini e le raffiche di colpi. «Per il mio ruolo di coordinatrice della comune, ricevevo io molte delle segnalazioni e delle richieste di aiuto che arrivavano da tutte le case del kibbutz: "Sono alla mia porta, di' ai soldati di fare in fretta!", "Stanno cercando mio figlio? Ti prego, sai qualcosa di mio figlio? È appena uscito con il cane e non risponde più al telefono". Poi le richieste di aiuto erano formulate in messaggi scritti male e incomprensibili, poi il silenzio. Così capivo che erano morti.»

Rachel è un'amica e una sostenitrice dell'associazione che organizza le riunioni miste per sfogarsi e per tenere a bada gli istinti alla mostrificazione dell'altro. Doveva venire all'appuntamento di Lod: per lei sarebbe stato il primo incontro con volti palestinesi dopo quello del 7 ottobre, quando sbirciando da una finestrella aveva intravisto le facce degli uomini di Hamas. «Ma non ce la faccio, se vuoi passa prima da me e parliamo da sole» mi aveva scritto. «Il dolore degli altri, la paura dei palestinesi, questa volta non mi interessa.»

Quasi amici con Hamas

Faccia tonda e T-shirt «Portateli a casa», Gershon Baskin oscilla su una sedia a dondolo in un angolo del cortile di casa sua. Quando mi vede si alza e viene ad aprirmi il cancelletto con un passo da scoiattolo. È un sessantottenne vispo che si descrive come un «imprenditore sociale e politico», da tutta la vita promuove le interazioni tra israeliani e palestinesi ed è una voce ascoltata con attenzione da una parte e dall'altra. È una delle pochissime persone che scrivono editoriali pubblicati sia dal «Times of Israel» sia da «al Quds», il più importante giornale palestinese. Nel suo cuore, è un pacifista. Soprattutto, è l'unico israeliano che parla con Hamas.[27]

Anche Baskin è nato a New York e da ragazzino ha partecipato al movimento per i diritti civili: a 12 anni obbligava i suoi genitori a portarlo alle manifestazioni e nei fine settimana andava a fare campagna porta a porta contro la guerra in Vietnam. Due anni dopo ha scoperto il sionismo, quando un compagno di classe ebreo lo ha invitato a iscriversi a un movimento giovanile chiamato Young Judaea, dicendogli che era pieno di ragazze carine.

Il sionismo di Baskin è l'altra faccia della medaglia rispetto a quello degli estremisti. Israeliani come lui esistono – anche se gli impuniti di cui parlava Bergman vorrebbero cancellarli – e per loro i palestinesi sono persone in carne e ossa, persone con delle motivazioni e delle ragioni, soggetti con cui si può discutere, con cui si possono fare accordi. Anche se sono di Hamas. Baskin, ancora più delle riunioni di quartiere a Lod, è l'estremo dello spettro opposto ai kahanisti.

Nel 1975 – mentre Meir Kahane fa propaganda per la deportazione dei palestinesi e viene continuamente arrestato – il diciottenne Baskin scrive il suo primo editoriale su un quotidiano ebraico della California. Afferma che, se vuole diventare lo Stato democratico del popolo ebraico, Israele non può dominare un altro popolo. L'editoriale del giovane Baskin provoca un polverone. Persone che lo conoscono, che lui considera amiche, lo etichettano come un ingenuo, come uno stupido americano che non sa di cosa parla. «La cosa che mi colpì di più è che continuavano a dirmi: non li conosci – intendendo gli arabi. Allora non ero abbastanza saggio da chiedere: perché voi li conoscete? Se lo avessi fatto avrei scoperto che no, nemmeno loro li conoscevano, non avevano proprio idea di chi fossero.»

Il giorno in cui pubblica il suo primo editoriale, però, Baskin capisce una cosa: se vuole parlare di queste faccende – se vuole fare politica – deve guadagnarsi la credibilità sul campo. Deve andare in Israele e vivere la situazione sulla sua pelle, così la smetteranno di dirgli che è un americano ingenuo e che non sa di cosa parla. Nel 1978, tre anni dopo l'editoriale, Gershon Baskin fa *aliyah,* ovvero si trasferisce in Israele, ma non va a vivere comodo a Tel Aviv. Va ad abitare a Kafr Qara, un villaggio palestinese nel territorio dello Stato ebraico, sulla Linea verde[28] che divide gli israeliani dai territori occupati.

Di fatto, fa l'impiegato pubblico con un ruolo molto speciale, ha l'incarico di tessere rapporti e negoziare patti con i palestinesi. È lì già da un decennio quando nel 1987 scoppia la Prima intifada: la sua reazione istintiva è salire sulla Vespa e andare nel più grande campo profughi della Cisgiordania per sentire le voci dei palestinesi che ci abitano. «Sono sceso dalla moto e sono stato subito circondato da giovani che mi chiedevano: "Chi sei, cosa stai facendo?". E io rispondevo: "Sono un israeliano e voglio ascoltare, sono venuto per scoprire che cos'è questa *intifada*, per cosa state combattendo". Quel giorno ho passato sei ore nel campo profughi, ho bevuto il tè invitato nelle case dalla gente e ho capito che in Palestina stava succedendo una rivoluzione, che le persone erano pronte a fare un patto con Israele e arrivare a un accordo che creasse uno Stato palestinese indipendente. Ho capito che il momento che stavo aspettando era arrivato.» In quel frangente, però, in Palestina stava succedendo anche un'altra cosa. È durante la Prima intifada che, dopo anni in cui se ne parlava all'interno del movimento più grande della Fratellanza musulmana, nasce ufficialmente Hamas.

Ci sono due fili che legano Hamas e Baskin. Il primo parte da una tragedia personale e arriva a un caso di cronaca che ha cambiato Israele. Nel 2006 un parente di Baskin, un ebreo arabo, iracheno, viene rapito da Hamas. Prigioniero e carcerieri possono comunicare, perché parlano la stessa lingua, ma il prigioniero non può offrire niente in cambio della sua libertà: Hamas lo ammazza. Sulla sua tomba, Baskin giura di fare tutto il possibile per evitare che la sua sorte diventi il futuro di qualcun altro. Giura che, da quel momento e per sempre, sarà quella la sua missione nella vita.

Sei mesi dopo, un commando di Hamas lancia un attacco contro la base dell'esercito israeliano al valico di Kerem Shalom, al confine con Gaza. Due soldati vengono uccisi. Un terzo viene rapito e trascinato nella Striscia: il suo nome è Gilad Shalit.

La cattura di Gilad Shalit è un momento spartiacque. Neanche un anno prima gli israeliani si sono ritirati dalla Striscia e hanno smantellato le colonie. E pochi mesi prima Hamas, dopo un tentativo di rebranding come partito religioso più moderato, ha vinto le elezioni palestinesi: ora si trova a dover governare. I suoi nemici però hanno tutti lo stesso desiderio: logorarlo. Il partito Fatah, che controlla la burocrazia, gli impiegati pubblici e le forze di sicurezza a Gaza, cerca di impedire all'amministrazione di Hamas di funzionare. Hamas butta giù i membri di Fatah dai tetti dei palazzi. Israele e i principali sponsor del processo di pace in Palestina – l'Unione europea, gli Stati Uniti, la Russia e il Regno Unito – mettono la Striscia sotto embargo. L'attacco che porta alla cattura di Gilad Shalit è un altro dei modi violenti con cui Hamas cerca di uscire dal vicolo cieco. Tre giorni dopo, l'esercito israeliano torna a invadere la Striscia di Gaza.

Qualche giorno ancora e Gershon Baskin – che intanto è diventato uno che conta, che ha creato un think tank per facilitare ogni tipo di scambio intellettuale tra palestinesi e israeliani, che nel 1993 ha consigliato il primo ministro Rabin durante gli accordi di Oslo[29] – riceve una telefonata. È un funzionario del governo di Hamas a Gaza, propone di aprire un canale di comunicazione per arrivare subito a un cessate il fuoco. La mattina dopo, Baskin va dai genitori di Shalit e dice loro: farò tutto il possibile per portare a casa vivo vostro figlio.[30] Ci metterà cinque anni.

Nel 2011 si arriva a un accordo storico: mille per uno. Il rilascio di Gilad Shalit in cambio del rilascio di 1027 prigionieri palestinesi detenuti nelle carceri israeliane, tra cui 300 condannati per aver ucciso cittadini israeliani. È il prezzo più alto che Israele abbia mai pagato per un soldato, ma è anche la prima volta in ventisei anni che un soldato israeliano catturato torna a casa vivo.

La società in quel momento la pensa come Baskin: il 79 per cento degli israeliani è favorevole all'accordo,[31] ed è favorevole anche il governo Netanyahu, che se ne vanta in televisione. Tra i tanti palestinesi che vengono liberati grazie agli sforzi di Baskin ci sono gli assassini del suo parente iracheno, dell'ostaggio che nessuno ha salvato e che ha cambiato per sempre la sua vita. E c'è anche un miliziano delle brigate al Qassam, l'ala militare di Hamas: Yahya Sinwar. L'uomo che poi diventa il capo del gruppo nella Striscia, che poi architetta il 7 ottobre. «Non era un buon accordo, non ho mai detto che lo fosse, ma era l'unico accordo possibile» mi dice Baskin quando gli chiedo se, visto come è andata a finire, si sia pentito.

L'interlocutore di Baskin all'interno di Hamas, l'uomo con cui parla per organizzare il cessate il fuoco e lo scambio di prigionieri, è Ghazi Hamad. Nato a Gaza, figlio di un *fedayeen*, un combattente per la causa palestinese, studente di veterinaria, entra in Hamas al momento della sua fondazione e fa il solito *cursus honorum* in cella: dal 1989 al 1994 è imprigionato da Israele, poi esce, va a gestire un giornale di Hamas e viene incarcerato dall'Autorità nazionale palestinese governata da Fatah, la *sorella traditrice*. Dentro Hamas Ghazi Hamad è considerato un moderato, e quando il movimento cerca di riposizionarsi per le elezioni del 2006, quando inizia a parlare del populismo islamista di Recep Tayyip Erdoğan come del modello da seguire, Hamad comincia a ricevere ruoli di responsabilità. Diventa il portavoce dell'organizzazione e, dopo la vittoria elettorale, il viceministro degli Esteri nel nuovo governo – l'ultimo governo palestinese eletto dal popolo. È in questa veste ufficiale che Hamad inizia la sua interlocuzione speciale e in qualche modo inaudita con Gershon Baskin per far finire gli attacchi su Gaza e per liberare il soldato Gilad Shalit.

Dopo avercela fatta, Baskin e Hamad rimangono in contatto. Per diciassette anni si scrivono spesso, a volte per negoziare scambi di prigionieri o la restituzione di corpi di soldati e militanti palestinesi uccisi, a volte soltanto per sentirsi: col tempo ai sospetti reciproci si sostituiscono le battute, la confidenza, i due arrivano a considerarsi qualcosa di molto simile a due amici, mi dice Baskin. Lui è un uomo laicissimo: Hamad scherza sul fatto di doversi preoccupare di pregare Dio per l'amico israeliano e la sua famiglia, perché altrimenti non lo farebbe nessuno. Baskin si offre di conversare in arabo, ma Hamad rifiuta dicendo che vuole esercitarsi con l'ebraico, che ha imparato in carcere, come Yahya Sinwar, e ora rischia di perdere.

Nell'estate del 2023 Baskin e Hamad stanno negoziando i primi passi di un'incerta proposta di accordo di pace tra lo Stato di Israele e il governo di Hamas a Gaza. Non un cessate il fuoco, perché quello c'era già, proprio un accordo di pace. Baskin chiama Hamad e gli dice: prendiamoci del tempo per questo progetto importante, rivoluzionario. Vediamoci da soli in un posto tranquillo e sicuro e discutiamone senza fretta. Propone la Norvegia, un luogo simbolo, quello degli accordi di Oslo. Hamad all'inizio sembra interessato, a tratti entusiasta, poi d'improvviso si fa sfuggente. Il viaggio non si fa, finisce l'estate, e Baskin resta lì a chiedersi cosa sia successo, come mai non si sia fatto più niente di quello che sembrava un negoziato storico promettente.

Una mattina capisce il perché: davanti ai suoi occhi passano tantissime immagini di morte. I filmati girati dalle GoPro attaccate al petto dei miliziani di Hamas, pubblicati da loro stessi su Telegram, mostrano le esecuzioni sommarie per le strade tra i kibbutz. I video delle telecamere di sorveglianza e quelli girati dai partecipanti al Nova Festival in cui si vedono, puntini sullo sfondo del cielo, i miliziani in arrivo in parapendio per massacrarli.

Mentre a parole discutevano di un accordo di pace, il suo quasi amico sapeva che stava per arrivare il 7 ottobre. Quel giorno, con le dita che tremano, Baskin scrive a Hamad: «Gaza pagherà un grosso prezzo per questo». Hamad gli risponde: «Noi abbiamo ragione e noi non abbiamo paura». E Baskin: «Dovreste averne, invece».[32]

Per un po' i due continuano a discutere. I messaggi di Baskin sono lunghi, pieni di angoscia per quello che è successo in Israele e per quello che sa già succederà a Gaza. I messaggi di Hamad sono lapidari. Baskin gli dice che questa volta per Hamas è finita ma che lui ha ancora il tempo di fare la cosa giusta e liberare gli ostaggi. Hamad gli risponde con il numero dei civili di Gaza ammazzati dai bombardamenti israeliani quel giorno. Gli scrive che la responsabilità di tutti i morti è di Israele e dell'occupazione, che loro sono le vittime di quella storia. «Non parlarmi così,» gli dice a un certo punto «il tuo cuore e la tua mente sono israeliani.» In sostanza: non puoi capire. Baskin si sente dire dal suo amico di Hamas quello che quarant'anni prima, ai tempi del suo primo editoriale contro l'occupazione, gli avevano detto i suoi amici israeliani. Qualche giorno dopo ascolta Hamad esaltare il 7 ottobre nello studio televisivo di una trasmissione libanese. «Dovevamo dare una lezione a Israele, e gliela daremo altre due o tre volte. Questo 7 ottobre» – lui lo chiama con il nome ufficiale scelto da Hamas, Alluvione al Aqsa – «è stato soltanto il primo.»[33] Gershon Baskin non riesce a credere a ciò che ha appena sentito, deve ascoltare il video più volte per convincersi di non aver frainteso le parole e i concetti. Quel giorno chiude il suo rapporto con Hamas e con Hamad. Spiega in una lettera pubblica – condivisa online centinaia di migliaia di volte – che con quell'uomo non scambierà mai più una parola, che quell'esperimento doloroso e unico di dialogo è finito per sempre.

Ma gli ostaggi sono ancora in pericolo e i gazawi continuano a morire. Gli amici palestinesi e israeliani di Baskin fanno pressione su di lui, prima con le implorazioni – «Ti prego, tu sei l'unico che sa come parlare con quelli là» – e poi con un ordine: «Prendi in mano quel telefono. Ci sono ancora delle vite da salvare».

Nonni socialisti, nipotini fascisti

«Tornatene in Palestina!» è la frase che i compagni di scuola gridavano al padre di Yossi Klein Halevi, nella Transilvania degli anni Trenta, per bullizzarlo in classe. Il giorno in cui gli ebrei radunati alla stazione videro arrivare i carri bestiame, il padre di Yossi ebbe un brutto presentimento e si lanciò nella direzione opposta – verso la foresta. Si scavò una buca nella terra lunga abbastanza per stare sdraiato e ci rimase a vivere per quasi un anno, mangiando erba e patate crude. A guerra finita, tornato a casa, i vicini gli chiesero senza commozione: «Ah, e quindi tu sei sopravvissuto?». Così decise di andarsene proprio, destinazione Stati Uniti, ma passò per Cuba in attesa del visto americano. A Cuba mangiava soltanto manghi colti dagli alberi, a eccezione di qualche sera in cui una signora benestante, affetta da nausea e inappetenza, lo invitava a cena perché vedere un affamato mangiare metteva appetito persino a lei, ma una volta arrivato l'appetito, lo cacciava. E di nuovo soltanto manghi per giorni, in attesa del prossimo attacco di nausea acuta.

Una volta a Brooklyn, il padre di Yossi ha continuato a riutilizzare le bustine del tè all'infinito, anche quando ormai non coloravano nemmeno più l'acqua calda, nonostante il pericolo della fame a quel punto fosse scampato. La scena delle bustine di tè raccontata in un libro di Yossi Klein Halevi[34] mi è rimasta piantata in testa perché quando è morto mio nonno, era il 2015, con mia madre abbiamo dovuto buttare centinaia di scatolette di tonno scadute negli anni Novanta, che lui conservava stipate negli armadi per avere le scorte pronte «per quando tornano i nazisti». E riempiva centinaia di bottiglie di acqua potabile e le disseminava in giro per la casa e per il giardino «per quando tornano i nazisti». E aveva nascosto dentro un muro le armi ereditate dalla giovinezza e dalla Resistenza «per quando tornano i nazisti». Quando è morto, abbiamo spaccato il muretto e le abbiamo fatte distruggere perché tenere i fucili così era un reato – ma, finché era in vita, non potevamo dargli quel dolore, anzi fargli prendere lo spavento di essere rimasto senza protezioni di fronte al ritorno dei nazisti.

Le storie che il padre di Yossi raccontava al figlio bambino per farlo addormentare erano storie tristi, storie di umiliazioni, storie di vittime: la buca, la fuga, la nausea. Anche Yossi Klein Halevi è nato a Brooklyn come il terrorista Baruch Goldstein e il rabbino Meir Kahane, nel quartiere di Borough Park popolato dai sopravvissuti all'Olocausto arrivati dall'Europa orientale come suo padre. E da adolescente maschio aveva sviluppato una rabbia, un senso di rivalsa – basta prenderle, è ora di darle – che lo aveva portato a sputare sulle chiese e a invaghirsi degli estremisti, a frequentarli. Una notte di Halloween – che alcuni gruppi di adolescenti *gentili* tradizionalmente festeggiavano andando a lanciare le uova contro gli ebrei di Borough Park – Yossi Klein Halevi si unisce a una ronda della Jewish Defence League che vuole picchiare con le mazze da baseball quei ragazzini antisemiti arrivati da fuori. La Jewish Defence League di Meir Kahane «più che un'organizzazione politica era una gang di strada, con l'ossessione di combattere i neri antisemiti e occasionalmente i neonazi e i manifestanti a favore dell'Organizzazione per la liberazione della Palestina. "Andiamo a combattere i nazisti con la camicia nera e quelli con la pelle nera" ci dicevamo. Nella New York della fine degli anni Sessanta se eri una minoranza etnica e non mostravi i pugni, non esistevi. Istintivamente, per la Jewish Defence League, la soluzione a ogni problema era la violenza» dice oggi Yossi Klein Halevi. All'epoca il «New York Times» aveva soprannominato il gruppo «il Ku Klux Klan ebraico». Su uno dei suoi manifesti compariva la fotografia di alcuni giovani maschi ben piazzati con gli occhiali da sole e lo sguardo minaccioso. «Forse, ma soltanto forse, i bravi ragazzi ebrei sono quelli che aiutano a spianare la strada per Auschwitz», era l'invito a non comportarsi da bravi ragazzi contenuto nella didascalia sotto la foto.

L'adolescente arrabbiato Yossi odiava tutti i *gentili*, una massa indistinta di nemici pericolosi, e odiava pure gli ebrei americani liberal e inseriti nella società. Non si spiegava come mai dopo le Leggi razziali in Europa non avessero fatto qualcosa: se non darsi fuoco in mezzo alla strada come i monaci tibetani quantomeno incatenarsi alla Casa Bianca. Odiava l'assimilazione. E su una cosa andava d'accordo con suo padre, che considerava un carattere troppo mite: gli ebrei dovevano stare tutti vicini, tutti uniti, e dovevano essere ben armati. Appena ha potuto, Yossi Klein Halevi si è trasferito in Israele.

Oggi vive a Gerusalemme ovest con Sarah, la moglie, e i loro tre figli. La sera, dalla finestra di casa sua, si vedono le luci rosse della cucina di una villetta palestinese in cima alla collina di fronte, oltre il muro. In Israele, col passare del tempo, Klein Halevi ha cambiato idea su tante cose. Ha provato a fare un viaggio spirituale nell'Islam e a farselo spiegare dagli imam di Gaza, che alla fine degli anni Novanta lo avevano invitato nel campo profughi di Nuseirat, oggi in buona parte distrutto. «Dopo quel viaggio durato un anno, mi ero innamorato dell'Islam, del suo cuore spavaldo, soprattutto di fronte alla morte. Uno dei motivi per cui i negoziati diplomatici tra le due parti hanno fallito, avevo pensato, è perché non hanno capito la determinazione che infondono in noi le nostre religioni.» Nel 1995 Klein Halevi ha pubblicato «Memorie di un ebreo estremista. Storia di una trasformazione», la sua.[35] In quegli anni, gli anni Novanta, è stato un israeliano a favore della soluzione a due Stati come lo era quasi per intero la sua generazione. Poi le bombe di Hamas sugli autobus all'inizio degli anni Duemila gli avevano fatto perdere le speranze. Hamas non voleva due Stati, ma uno solo, e diceva ai palestinesi che bisognava buttare gli ebrei in mare. Al contempo Klein Halevi diceva ai suoi vicini: «Io vedo la mia presenza qui come il ritorno di un popolo indigeno, che qui c'era dal principio, come il tuo, e che è stato sradicato dalla violenza della Storia. Ma non ci capiremo mai se i vostri media continuano a rappresentare gli israeliani e gli ebrei come mostri: siamo i veri responsabili degli attentati dell'11 settembre, abbiamo collaborato con i nazisti in quell'Olocausto che però non è mai avvenuto, uccidiamo i palestinesi per rubare loro gli organi, manipoliamo pure il clima per provocare intenzionalmente i disastri naturali». Quando prega, Klein Halevi chiede a Dio di insegnargli a comunicare con l'altra parte.

La sua opera più celebre, «Lettere al mio vicino palestinese», è un libro aperto, che è stato ripubblicato nel 2019 con le risposte di scrittori e professori arabi e palestinesi.[36] Volevo incontrarlo perché nei miei viaggi in Israele dopo il 7 ottobre, mi è sembrato che questo paese avesse fatto un percorso opposto al suo. Oggi è una nazione incattivita dove i pochi ad avere ancora delle speranze sono gli anziani, mentre i giovani, le generazioni che rappresentano il futuro, sono presi dalla furia. Un posto pieno di vecchi socialisti e di ragazzini che in buona parte la pensano come la pensava Klein Halevi prima del percorso di deradicalizzazione. È un paese diviso tra quelli che hanno conosciuto i palestinesi, che li hanno frequentati, che si ricordano di quando parlarsi era normale, e i giovani che i palestinesi non li hanno mai visti pur abitando a poche centinaia di metri da loro, perché sono cresciuti dopo che i muri sono stati alzati e i cancelli di Gaza sono stati sigillati, che dunque li considerano alieni, che li vedono soltanto attraverso la lente degli attentati e, ora, del più grande massacro di ebrei dall'Olocausto.

Matanel Laiany è un content creator israeliano. Ha 130 mila follower su Instagram e più di 200 mila su TikTok, dove pubblica brevi sketch comici nei formati che funzionano meglio sulle piattaforme: lui che impersona un tipo umano e ci costruisce una barzelletta sopra, oppure un «POV», dove «POV» sta per *point of view*, punto di vista, e mostra una certa situazione da una certa prospettiva. Alla fine di ottobre 2023, quando l'esercito israeliano ha cominciato a bombardare Gaza e a tagliare l'acqua e l'elettricità nella Striscia, Laiany è diventato virale in tutto il mondo per uno di questi video: lo vediamo forzatamente felice mentre apre e chiude il rubinetto di casa sua, beve un sorso d'acqua e fa la faccia soddisfatta, oppure accende e spegne le luci, o ancora guarda la televisione con un sorriso ebete stampato in faccia. La didascalia del video era una cosa come: «POV: hai scherzato con Israele». Il riferimento, ovviamente, era al fatto che dopo il 7 ottobre la popolazione civile di Gaza non poteva più compiere le azioni banali ostentate nel video – accendere la luce, aprire il rubinetto.[37]

Negli stessi giorni, era diventato virale un video creato da un'altra influencer israeliana, Eve Cohen. Nel filmato, Cohen faceva finta di essere una palestinese di Gaza: indossava un abito nero, aveva una kefiah al collo e si era truccata il volto in modo da sembrare insanguinata, impolverata e piena di lividi. Stringeva al petto un fagotto di stracci che rappresentava un bambino, con un'arancia su cui aveva disegnato una faccina al posto della testa, e si lamentava disperata; poi si sentiva una voce urlare «stop» e allora cambiava totalmente atteggiamento, buttava via il bambino e iniziava a sorridere e scherzare. Il messaggio era: i palestinesi di Gaza che soffrono in realtà stanno facendo finta.

Sia Cohen sia Laiany sono stati criticati per i loro video – almeno dall'opinione pubblica internazionale – e il profilo Instagram del secondo è stato temporaneamente sospeso. Ma non sono casi isolati: tantissimi tiktoker israeliani hanno pubblicato video così. Il dispositivo comico e il messaggio di fondo sono sempre gli stessi. I creatori impersonano i palestinesi per mostrare come la loro sofferenza sia una recita, ad esempio realizzando tutorial di make-up per truccarsi da vittima di un bombardamento. È una robusta tendenza sui social.

Una radice di questa tendenza è Pallywood, un termine che indica l'accusa secondo cui le immagini di morti e delle sofferenze palestinesi sarebbero prodotti di finzione creati a scopo di propaganda per permettere ai palestinesi di passare per le vittime. È a questa accusa, col tempo diventata un pilastro della propaganda di guerra online, che fanno riferimento i video degli influencer come Cohen.

Il termine «Pallywood» – la crasi di «Palestina» e «Hollywood» – è nato nei primi anni Duemila, coniato dallo storico statunitense-israeliano Richard Landes in un omonimo documentario del 2005 in cui metteva in dubbio la veridicità del video dell'assassinio di Muhammad al Durrah, un bambino palestinese di 12 anni ucciso a Gaza all'inizio della Seconda intifada. Landes contestava l'autenticità del filmato – girato da un giornalista freelance e trasmesso sulla tv pubblica francese France 2 – e sosteneva che l'incidente fosse una messa in scena organizzata con la complicità dei giornalisti occidentali e con l'obiettivo di mettere in cattiva luce lo Stato di Israele. Nei vent'anni successivi, questo tipo di argomentazioni si sono diffuse in modo capillare: oggi le ritroviamo nelle tendenze sui social nate dal basso come nei post di israeliani che ricoprono cariche istituzionali.[38]

Un fenomeno social che trasforma la guerra in qualcosa di ordinario, su cui fare battute e con cui si possono sbizzarrire gli influencer, finisce anche per rendere la guerra irreale. E amplifica la credibilità di accuse come quelle di Pallywood: se per noi la guerra può essere uno sfondo su cui creare contenuti social, allora chi ci dice che per i nostri nemici non sia lo stesso?

Anche da qui ha origine uno dei fenomeni che più ha scandalizzato l'opinione pubblica occidentale durante l'invasione di Gaza: la proliferazione di immagini, quasi sempre provenienti dai loro profili TikTok, Tinder o Instagram, di soldati israeliani che si comportano in modo insieme macabro e scherzoso tra le macerie della Striscia. Soldati che giocano con i perizomi e i reggiseni delle donne palestinesi le cui case stanno occupando;[39] che girano video-selfie mentre fanno saltare interi edifici ridendo e poi brindando; che distruggono a favore di camera i giocattoli di bambini palestinesi che nel frattempo sono morti o sfollati;[40] che scrivono frasi oscene sui muri delle loro camerette. Una parte dei soldati israeliani fa queste cose, ma il discorso è sempre lo stesso: se non punisci quelli che le fanno, continueranno e aumenteranno.[41] E per una fetta della società israeliana questo genere di comportamenti sarà già diventato perfettamente normale. È quella fazione che popola la galassia dei canali Telegram dove le truppe condividono in modo festoso le immagini delle conseguenze delle loro giornate da militari: video di palestinesi con le mani legate che vengono picchiati dai soldati israeliani che li trascinano per terra, pestano le loro dita, schiacciano le teste con gli stivali, accolti dagli utenti con adesivi di orsacchiotti che ballano, emoji che ridono, con fiamme, cuori e manine che applaudono. Alcuni di questi canali hanno centinaia di migliaia di iscritti e almeno uno era gestito direttamente da membri dell'unità dell'esercito responsabile della propaganda e della guerra psicologica, anche se senza approvazione da parte dei loro superiori.[42] La logica di fondo non è diversa da quella che sta dietro i video di Matanel Laiany e Eve Cohen: le sofferenze palestinesi diventano il gancio per far ridere e galvanizzare gli spettatori. Le foto di case bombardate a Gaza vengono postate con didascalie da agenzia immobiliare, le foto di cadaveri con didascalie che li sfottono.

All'inizio del 2025 tra i liceali israeliani si è diffusa una challenge – quel gesto identico ripetuto molte volte da molte persone che si filmano e poi pubblicano online la prova di una propria azione. La challenge consisteva in uno scherzo telefonico. Il ragazzino o la ragazzina chiama un parente o un amico sforzandosi di recitare una voce diversa dalla propria e dice: «Salve, faccio parte di un'associazione per il sostegno dei bambini di Gaza, che non hanno più una casa, che non hanno più l'acqua corrente e l'elettricità. Sarebbe disposto ad aiutarli con una piccola donazione?». L'interlocutore risponde con una sequenza di imprecazioni. Il ragazzino o la ragazzina fino all'ultimo si sforzano di non scoppiare a ridere ma più spesso non ci riescono, il tutto viene ripreso dallo smartphone in mano al compagno di banco e poi pubblicato sul proprio profilo TikTok.

I canali Telegram dove si sfottono i cadaveri sono un estremo della società israeliana. Ma un estremo molto giovane. Tra i tanti, uno dei motivi è che gli impuniti delle colonie, che crescono i bambini secondo uno schema culturale e politico preciso, fanno molti più figli degli altri israeliani, soprattutto di quelli laici. Nella comunità degli ultrareligiosi, la media è di sette figli per donna – una delle più alte al mondo. Il movimento di protesta contro la riforma giudiziaria di Netanyahu, per quanto fosse così vasto da includere persone di tutte le generazioni, aveva un'età media tendente verso l'alto e insolita per i movimenti di piazza. Un sondaggio condotto nel gennaio 2023, mesi prima del massacro del 7 ottobre, ha scoperto che il 73 per cento degli israeliani tra i 18 e i 24 anni si identifica come di destra, mentre la maggioranza degli israeliani sopra i 65 anni non è di destra. Sempre lo stesso sondaggio ha svelato che il 68 per cento degli israeliani tra i 18 e i 34 anni è contrario alla soluzione dei due Stati – anche qui, all'opposto di quella che era l'opinione generalizzata dei loro genitori quando avevano la stessa età.[43] È uno dei sintomi di un dato di fatto: gli israeliani non hanno mai odiato i palestinesi così tanto.

Il divorzio[44]

«E quindi qual è la soluzione? Il divorzio», per togliere la benzina all'incendio, per togliere ai violenti la ragione di esistere. Capelli bianchi e occhiali tondi con la montatura in acciaio, Daniel Seidemann è un israeliano di sinistra non naïf. Lo incontro nella hall dell'hotel National a Gerusalemme est e penso subito che sia l'unico israeliano a frequentare per piacere la porzione palestinese della città adesso che sono passati soltanto pochi mesi dal 7 ottobre. Seidemann è uno studioso ed è una delle persone che conosce meglio questa città, è un avvocato ed è il fondatore di Ir Amim, l'organizzazione che promuove la coesistenza tra israeliani e palestinesi a Gerusalemme (il nome infatti significa «la città dei popoli», come a sottolineare che appartiene a più di uno). Seidemann è un uomo pragmatico che non campa di buoni propositi ma va a caccia di soluzioni – per quanto oggi chiunque parli di convivenza venga considerato un idealista che abita su Plutone, come se gli israeliani che pensano di poter cacciare 5 milioni di palestinesi da qui o i palestinesi che pensano di poter tornare ai tempi in cui Israele non esisteva, invece, vivessero con i piedi per terra. Seidemann è probabilmente anche l'unico israeliano che oggi passa a Gerusalemme est lo stesso tempo che passa a Gerusalemme ovest. Quando lui era ragazzo era una cosa perfettamente normale, dice, poi nel corso dei decenni l'occupazione ha corroso Israele e ha avvelenato i palestinesi. Lo incontro di venerdì, il giorno santo per l'Islam, ancora più santo perché questo è l'ultimo venerdì prima che inizi il Ramadan.

Le domande, in questo momento, qui, sono due: ci sarà un cessate il fuoco a Gaza durante il Ramadan? E i palestinesi saranno autorizzati a pregare in uno dei luoghi più importanti per l'Islam, la moschea di al Aqsa a Gerusalemme, durante questo Ramadan? La prima domanda è importante per ovvi motivi, la seconda perché al Aqsa è un simbolo, sorge nel luogo dove i musulmani credono che il profeta Maometto sia asceso al cielo e sopra il luogo in cui un tempo sorgeva il Tempio ebraico, di cui oggi resta soltanto il Muro del Pianto. I palestinesi hanno il timore che gli israeliani vogliano sottrarre o addirittura distruggere al Aqsa (negli anni Ottanta i militanti di Jewish Underground avevano architettato un piano per far saltare in aria il complesso: un piccolo aereo pieno di esplosivo avrebbe dovuto schiantarsi contro la Cupola della Roccia). Alcuni timori sono in parte giustificati – basta pensare alla Marcia delle bandiere israeliane che ogni anno gli impuniti organizzano dentro le mura antiche di Gerusalemme est per dire che la città è tutta loro. Il fatto è che al Aqsa è un simbolo e che il Ramadan è stato spesso un momento di tensione attorno al complesso della moschea. Come tutti gli anni, anche questa volta c'è stata una riunione con il governo, l'esercito, l'intelligence e la polizia per decidere su un punto: quanti e quali palestinesi potranno pregare ad al Aqsa durante il Ramadan. E nella riunione è emersa di nuovo la spaccatura dentro gli apparati di sicurezza israeliani. I rappresentanti dell'intelligence – nello specifico Ronen Bar, il capo dello Shin Bet – hanno detto: apriamo il più possibile ai palestinesi, è proprio la chiusura della moschea che crea tensioni, se chiudiamo può soltanto andare peggio. I rappresentanti della polizia, che risponde al ministro della Sicurezza Ben-Gvir, hanno detto il contrario: chiudiamo il più possibile. Non facciamo entrare nessun palestinese della Cisgiordania ad al Aqsa.

Da un po' di tempo, se sei un maschio giovane della

Cisgiordania è praticamente impossibile che tu possa entrare in quello che consideri il luogo più importante della tua terra. Un amico palestinese di Betlemme, che ha studiato Medicina in Italia, me l'aveva messa così: «Sul piano simbolico, è come se avessero interdetto San Gennaro ai napoletani, San Marco ai veneziani, il Duomo ai milanesi oppure se ai cattolici di Roma fosse proibito andare a piazza San Pietro la domenica». Di recente impedire l'accesso ad al Aqsa a chi ha meno di 45 anni è diventata una prassi. Il ragionamento alla base è: i cinquantenni sono meno aggressivi dei ventenni, quindi se escludiamo i giovani e facciamo entrare soltanto i vecchi eviteremo attacchi. Gli unici giovani che possono entrare sono quelli sposati e con figli, e il ragionamento è: se hai moglie e figli che ti aspettano a casa, è meno probabile che tu compia un attentato. Però a far infuriare i palestinesi è il fatto stesso che gli israeliani possano decidere chi può entrare e chi no nella loro moschea. E questa rabbia aumenta nel mese di Ramadan rispetto agli altri mesi, sia perché è il più importante, sia perché le restrizioni diventano più severe. È questa l'origine delle tensioni intorno ad al Aqsa, è per questo che l'intelligence israeliana vorrebbe scioglierle aprendo il più possibile la moschea. Per la fazione degli impuniti, però, le tensioni non sono qualcosa da evitare.

Seidemann frequenta molti palestinesi da sempre. Secondo lui, israeliani e palestinesi sono più simili di quanto non siano abituati a pensare. Tanto per cominciare, dice, entrambe le società vivono in un profondo stato di negazione (dei propri crimini). Quando Seidemann ha chiesto ai suoi amici palestinesi cosa dicessero nelle loro conversazioni private, al bar o tra le mura di casa, riguardo al massacro del 7 ottobre, la risposta è stata unanime: emerge una generalizzata simpatia per Hamas. «Simpatia,» sottolinea «non supporto.» Simpatia per il modo in cui Hamas ha colpito brutalmente al cuore di Israele, con una forza di cui i palestinesi, di fronte a un nemico meglio equipaggiato, non si sapevano capaci. E per il modo in cui ha rimesso la questione palestinese al centro della scena – anche se non c'è un'adesione politica alla piattaforma del gruppo islamista. Ma c'è dell'altro: una nausea, un disagio per il modo in cui Hamas ha ottenuto quel risultato, per gli assassinii di donne mentre scappano, di bambini che piangono, di anziani in ginocchio. Per il rapimento di un neonato e la tentata decapitazione con una pala di un lavoratore migrante thailandese. Una piccola minoranza di palestinesi esprime questo disagio apertamente, nel senso che riconosce quei crimini. Ma la maggioranza lo fa in modo nascosto, ed è qui la negazione: nella grandissima parte di palestinesi che cancella la dinamica dei fatti, che sceglie di credere alla propaganda secondo cui donne e bambini sarebbero stati risparmiati, o che sarebbero stati uccisi dagli israeliani. Secondo un sondaggio palestinese di settembre 2024, «quasi il 90 per cento dell'opinione pubblica ritiene che gli uomini di Hamas non abbiano commesso le atrocità mostrate nei video girati quel giorno».[45] Questa versione falsa me la sono sentita ripetere molte volte anche io in Cisgiordania: «È impossibile che abbiano ammazzato le donne disarmate, perché il Corano lo vieta. È impossibile che abbiano ammazzato i bambini, perché il Corano lo vieta».

Anche gli israeliani sono in stato di negazione. «Non hanno idea di cosa stia avvenendo a Gaza» dice Seidemann. C'è la censura, le televisioni israeliane non mostrano le immagini dei quartieri spianati, e gli israeliani in questo periodo viaggiano poco all'estero. «Il portavoce dell'esercito in molti casi non si è fatto problemi a negare l'evidenza o a mentire» prosegue. È come se il mondo fosse diviso perlomeno in tre: le televisioni arabe trasmettono immagini di mucchi di cadaveri di bambini palestinesi ammazzati a ogni ora del giorno; le televisioni occidentali no, ma trasmettono quotidianamente la devastazione nella Striscia; le televisioni israeliane nessuna delle due cose. Così tre parti di mondo – gli alleati dei palestinesi, gli alleati degli israeliani e gli israeliani – si fanno tre idee molto diverse degli stessi eventi. Va da sé che ci sarebbe Google, ma gli israeliani che hanno voglia di andarsi a cercare attivamente le immagini delle vittime del loro esercito sono molto pochi.

Seidemann però ricorda i suoi concittadini in piazza quarant'anni fa. «Quando nel 1982 in Libano ci fu il massacro nei campi profughi di Sabra e Shatila, di cui Israele era indirettamente responsabile – l'esercito israeliano aveva circondato l'area e vi fece entrare una milizia sua alleata che massacrò migliaia di civili – qui ci furono grandi proteste.» Poche settimane prima del mio incontro con Seidemann, dopo la «strage della farina», quando l'esercito israeliano ha sparato sui palestinesi che cercavano disperatamente, quindi disordinatamente, di accaparrarsi dei pacchi a una distribuzione di aiuti umanitari a Gaza City, uccidendone 118, «nelle città israeliane c'è stato il silenzio». Da qui la negazione: gli israeliani non sono esposti di continuo alle immagini delle vittime di Gaza, e quindi, quando capita che le vedano, sono più portati a credere a chi dice che siano false o manipolate.

Un'altra cosa che mi dice Seidemann è: nella paura finisce l'empatia. «I palestinesi, anche i miei amici, non hanno idea di quanto siamo terrorizzati. I miei vicini di casa mi considerano un pazzo clinico per il solo fatto che mi trovo qui con te a Gerusalemme est adesso. Un amico poliziotto mi ha spiegato che alla centrale ricevono ancora centinaia di telefonate al giorno da israeliani che vivono a Tel Aviv o in altre città lontane dalla Cisgiordania o dalla Striscia, che chiamano la polizia perché sentono rumori di scavatrici e si convincono che qualcuno stia scavando dei tunnel per sorprenderli in casa nella notte e sgozzarli.» Un'ipotesi che, in quelle zone, è impossibile.

C'è qualcos'altro che accomuna i due popoli: né gli israeliani né i palestinesi si fidano del proprio governo. «La stragrande maggioranza degli israeliani non si fida affatto di Netanyahu» dice Seidemann spingendo in su gli occhiali scivolati sulla punta del naso. Non si fidano di Netanyahu i milioni di israeliani che fino a settembre 2023 riempivano le piazze per chiedere le sue dimissioni, questo è ovvio, e che vedono con paura la fazione degli impuniti e la sua ascesa. E non si fidano di lui nemmeno moltissimi israeliani che l'hanno votato. Non si fidano del governo che non ha impedito il 7 ottobre, che non ha capito Hamas, che ha pensato di poterlo comprare – addomesticare – lasciando fluire i dollari del Qatar verso il gruppo a Gaza,[46] che ha frainteso il nemico fino al più grande fallimento della sicurezza nella storia di Israele. Che non li ha protetti. Che ha lasciato scoperte le basi militari attorno alla Striscia concentrando i soldati a difendere gli insediamenti illegali nella Cisgiordania occupata.

La grande maggioranza dei palestinesi, dall'altra parte, non si fida di Abu Mazen, che è stato eletto presidente dell'Autorità nazionale palestinese nel 2005 e lo è tutt'ora, perché le elezioni presidenziali non si sono più fatte. Che ha trasformato Fatah in un partito-Stato corrotto e burocratico, che nella percezione comune tiene buoni i palestinesi per conto di Israele e non li ha traghettati verso uno Stato tutto per loro come aveva promesso.

Seidemann è un realista. «Io sono culturalmente per la soluzione a uno Stato, laico e democratico, inclusivo per tutti,» dice «ma sono politicamente per la soluzione a due Stati, perché l'ipotesi di uno Stato solo non è più praticabile, non è desiderata, perché non ci fidiamo gli uni degli altri e abbiamo tutti le nostre buone ragioni.» I palestinesi di Gerusalemme est, della Cisgiordania, di Gaza non vogliono la soluzione a uno Stato. Non vogliono una quota della società israeliana, non vogliono parteciparvi: vogliono la *loro* società. Per Seidemann, il divorzio sarebbe già un primo passo. «La soluzione a due Stati garantirà la pace? No. Ma il mio primo obiettivo non è la pace, il mio primo obiettivo è la fine dell'occupazione. Gli israeliani devono fare i conti con la realtà: la loro democrazia è un successo, è più forte di quanto sembri in questo momento e di quanto loro stessi non credano, ce la può fare. Ma la loro occupazione è una catastrofe.» Finché ci sarà l'occupazione, non ci sarà la pace. Finché ci saranno gli israeliani in Cisgiordania, non ci sarà sicurezza.

È un ragionamento realista, ma anche una verità scomoda. Sia perché i coloni e i loro rappresentanti sono sempre più influenti nella politica israeliana, sia perché i coloni sono tanti e non è più pensabile farli andare tutti via. È troppo tardi, ha ragione il giornalista Bergman, il punto di svolta è stato il 2005: quando hanno dovuto lasciare Gaza, i coloni hanno capito che bisognava fare in modo che un evento simile non potesse ripetersi. Nei territori palestinesi in Cisgiordania oggi vivono circa 700 mila israeliani; l'insediamento più grande, Modi'in Illit, ha più di 80 mila abitanti. Beitar Illit ne ha più di 60 mila. Ariel, che è così in profondità da essere praticamente a metà strada tra Israele e la Giordania, ne ha 20 mila. Ormai sono delle città: nessun governo israeliano sarà mai in grado di spostarle.

Seidemann ci ha ragionato sopra per anni, ha fatto i calcoli, con le squadre, con le mappe, con le analisi del terreno. E ha una soluzione: per la maggior parte degli insediamenti, che si trovano a ridosso della linea di demarcazione, basta ridisegnare il confine con delle curve in modo da includerli nello Stato ebraico. Per Ariel, visto che è in piena

Cisgiordania, è un po' più complicato: serve un accordo che crei un corridoio per collegarlo a Israele. E in cambio ci deve essere la restituzione di uno spazio simile ai palestinesi: uno scambio di terra equo, metro quadro per metro quadro, terra fertile per terra fertile, pietraie per pietraie. Rimangono fuori i piccolissimi insediamenti che punteggiano a macchia di leopardo la Cisgiordania, dove abitano circa 200 mila coloni: quelli vanno spostati. Seidemann spiega che Israele ha le risorse economiche e organizzative per ricollocarli – dopotutto nel 1991, con il crollo dell'Unione Sovietica, è riuscito ad assorbire l'arrivo di un milione di ebrei sovietici in poco tempo e in modo ordinato. «E se quei 200 mila coloni proprio non se ne vogliono andare, be', basta scollegarli da tutte le infrastrutture israeliane.» La prospettiva di vivere in mezzo ai palestinesi, sotto la loro giurisdizione, senza più l'allacciamento ai servizi e soprattutto senza più i checkpoint israeliani a proteggerli, dovrebbe essere sufficiente a convincerli. «Basta arrendersi a un fatto compiuto che ci trascina tutti all'inferno in terra. Bisogna rispondere al fatto compiuto con un fatto compiuto nuovo» dice Seidemann adesso con un altro tono, come se non stesse più bevendo una gazzosa con me ma fosse in piedi sul podio della Knesset a pronunciare un discorso che si è preparato per anni.

In teoria il piano può funzionare. Ma nella pratica gli stessi coloni che dovrebbero essere trattati in questo modo oggi controllano un pezzo della società e delle istituzioni israeliane. Per Seidemann proprio questo fatto potrebbe rivelarsi determinante. «Oggi in Israele c'è una divisione netta tra chi vuole una democrazia e chi uno Stato messianico.» Tra chi, in uno Stato che si presenta come «ebraico e democratico», è affezionato soltanto all'aggettivo «ebraico» e chi è più affezionato all'aggettivo «democratico». «Noi che vogliamo una democrazia siamo la maggioranza» va avanti. Ma i democratici sono più confusi e i radicali più compatti e determinati, sempre. «A questa maggioranza però appartiene la quasi totalità dei leader militari professionisti che sono per la fine dell'occupazione anche se non lo possono dire ad alta voce. La mia previsione e il mio auspicio è che il giorno dopo la fine di questo massacro, i leader che non hanno impedito il 7 ottobre saranno politicamente morti e potremo ricominciare da capo.»

C'è anche un altro fattore che pesa sullo Stato ebraico, quello dell'opinione pubblica internazionale. Nel mondo il supporto per Israele non è mai stato così scarso. «Per anni gli Stati Uniti si sono comportati con noi come uno zio facoltoso che ti riempie di dollari, che tu poi spendi in crack. La nostra droga si chiama occupazione e insediamenti illegali.» Ma più ti fai, più vuoi farti, e più diventi imprevedibile: «A un certo punto lo zio finisce per accorgersi che sei diventato un problema e allora smette di darti i soldi in contanti e comincia a pagarti il rehab», dove il rehab sarebbero le regole.

Seidemann è realista ma anche speranzoso. Ricorda che qualche generazione fa israeliani e palestinesi si volevano molto più bene: gli anziani si ricordano di quando andare a fare compere nei territori degli altri era la prassi ed era semplice, le figlie di Seidemann quando erano ragazzine uscivano regolarmente con i loro coetanei palestinesi. «Cinquant'anni fa ci odiavamo meno e ci facevamo meno paura di vent'anni fa, e vent'anni fa ci odiavamo meno e ci facevamo meno paura di oggi.» Per tornare a odiarsi di meno bisogna ristabilire un ordine. E l'ordine passa per un sistema di responsabilità chiare. L'occupazione cancella quest'ordine e confonde le acque.

La sovranità è il diritto di un popolo di fare le proprie cazzate, senza che qualcuno le faccia al suo posto: da troppo tempo i palestinesi hanno perso la libertà e subiscono decisioni prese da altri. Gli israeliani devono poter fare errori senza che a pagarne le conseguenze siano i palestinesi, e i palestinesi devono poter fare i loro errori e pagarne tutte le conseguenze. «Siamo come quelle coppie che devono divorziare per poi potersi incontrare di nuovo e restare in buoni rapporti per tutta la vita. Se mettiamo fine all'occupazione, se ci separiamo, forse tra vent'anni ci odieremo meno, come ci odiavamo meno vent'anni fa. E forse tra cinquant'anni non ci odieremo proprio. Oppure ci faremo ancora la guerra, ma senza più peccati originali (israeliani) e senza più alibi (per i palestinesi).»

La distruzione della Palestina

Jeningrado

Quando arrivo a Jenin sta per cominciare un altro raid israeliano. Non se lo aspetta nessuno, non me lo aspetto neanche io – le incursioni cominciano sempre col buio, ma adesso è mattina. Sono al confine della città e bisogna prendere una decisione: verso dentro o verso fuori. Dentro significa poter seguire gli eventi, ma anche rischiare di rimanere bloccata senza connessione internet per un tempo che non posso prevedere in anticipo.

Il raid inizia come iniziano sempre i raid israeliani. L'esercito accerchia gli ospedali della città, perché è un modo comodo di scovare i miliziani palestinesi aspettando che portino un compagno ferito a farsi curare o un compagno morto all'obitorio. Questa prassi ha un effetto: scoraggia i feriti, sia combattenti sia civili, dall'andare al pronto soccorso durante un raid se ne hanno bisogno. Poi arrivano i bulldozer, quelli israeliani hanno il soprannome beffardo di «orsacchiotti», sono mezzi corazzati con una grossa ruspa attaccata al muso la cui missione è la distruzione. Spaccano l'asfalto e controllano se sotto qualcuno ha piantato dell'esplosivo: in una delle ultime incursioni qui a Jenin una soldata etiope-israeliana è saltata in aria su una bomba nascosta sotto il manto stradale. Quando spaccano l'asfalto, i bulldozer fanno affiorare le fogne e avvolgono nel puzzo interi quartieri, così le ragazze che portano il velo – mentre corrono – se lo tirano su fino a coprire il naso. In questi istanti i palestinesi smettono di guidare, di fare la spesa, di servire ai tavoli, di portare i bambini a scuola, di fare qualsiasi cosa e si chiudono in casa senza sapere per quanti giorni ci dovranno rimanere. Intanto i soldati israeliani sono passati alla fase successiva. Tagliano l'elettricità e la rete telefonica, bloccano le strade con i blindati, piazzano cecchini con i loro fucili di precisione ai piani alti delle case dei palestinesi e cominciano a sparare.

Sono venuta a Jenin per incontrare Firas Abu el Wafa, e mentre succede tutto questo ormai sto correndo in salita verso casa sua.[1] È un signore distinto sulla sessantina, la battaglia di oggi non lo riguarda, ma durante la Prima intifada, tra la fine degli anni Ottanta e l'inizio degli anni Novanta, Firas fabbricava in casa piccole bombe che poi lanciava contro i soldati israeliani come quelli che adesso stanno circondando il suo palazzo.

Una delle case che i cecchini scelgono per posizionarsi durante i raid è la casa di Firas, perché è un buon punto di osservazione: è in alto, fa parte dell'ultima fila di edifici prima del campo profughi e affaccia su di esso. Quando entrano, i soldati vedono il poster di un miliziano armato appeso al muro, così prendono un coltello e tagliano la pelle del divano di Firas facendo uscire la gommapiuma. Poi usano la carta da parati verde ai muri delle stanze come fosse una grande lavagna e ci scrivono sopra in ebraico con il pennarello o la bomboletta spray. Di notte le soldate prendono la camera matrimoniale di Firas e di sua moglie per riposare a turno, e i due devono trovarsi un altro posto dove stare, una cosa non semplice in una città assediata mentre è in corso un raid.

Tutte le occupazioni militari di un popolo che non ti vuole

si reggono sull'umiliazione oltre che sulla paura, e il modo in cui i cecchini israeliani sfregiano la casa di Firas ogni volta che ci mettono piede ne è un esempio.

Firas mi offre un tè già zuccherato, mi indica una poltrona in finta pelle lontana dalle finestre dove posso accomodarmi e cominciamo a parlare. Mi descrive Jenin per quella che storicamente è: la città più indomita della Cisgiordania occupata. All'inizio degli anni Duemila, un settore in particolare di Jenin, il campo profughi, era soprannominato «il nido di vespe» o «la capitale dei martiri». Quando sentiamo la parola campo profughi, spesso ci immaginiamo una distesa di tende, ma la realtà nei territori occupati è diversa: i campi profughi si chiamano così perché ospitano i palestinesi cacciati da Israele durante la Nakba nel 1948, ma nel corso dei decenni si sono trasformati in veri e propri quartieri fatti di edifici e strade. Vent'anni fa quello di Jenin era un'area anarchica governata da milizie locali in un rapporto conflittuale con l'Autorità nazionale palestinese: quando l'ANP aveva provato a prenderne il controllo, le milizie avevano sparato sugli uomini delle sue forze di sicurezza.

Il campo era anche il posto da cui arrivavano moltissimi degli attentatori suicidi che all'epoca mandavano nel panico le città israeliane, e dove la maggior parte degli attacchi terroristici venivano organizzati. In un punto non lontano da qui nel nord della Cisgiordania era stato pianificato l'attentato del 27 marzo 2002 al Park Hotel di Netanya, dove il venticinquenne Abdel Basset Odeh era arrivato travestito e truccato da donna, con la parrucca e una borsetta con dentro una bomba da dieci chili, per farsi saltare in aria nella sala da pranzo dell'albergo dove si stava svolgendo un *seder*, la cena tradizionale per celebrare la Pasqua ebraica. L'esplosione aveva ucciso 30 persone oltre a lui e ne aveva ferite 140, per la maggior parte anziani ebrei, tra cui alcuni sopravvissuti all'Olocausto. Era stato l'attacco suicida più grave nella storia di Israele ed era stato rivendicato da Hamas.

Poche settimane dopo, l'esercito israeliano aveva deciso di entrare nel campo profughi di Jenin. All'inizio di aprile c'era stata una battaglia durata dieci giorni tra l'esercito e i miliziani delle fazioni locali, comandati da Abu Jandal, che aveva combattuto in Libano e nell'esercito iracheno ed era una leggenda per i palestinesi. Mentre Israele isolava il campo profughi, i miliziani del posto preparavano il terreno piazzando migliaia di bombe e trappole esplosive un po' ovunque, ma soprattutto nelle case degli uomini ricercati dallo Stato ebraico, perché erano certi che l'esercito sarebbe andato a perquisirle. Poi era cominciata la battaglia strada per strada: da una parte i palestinesi che avevano il vantaggio di conoscere il terreno, dall'altra gli israeliani che avevano gli elicotteri Apache, i carri armati e i bulldozer «orsacchiotti» per radere al suolo intere zone del campo. Era stata la battaglia più difficile per l'esercito israeliano dai tempi della guerra in Libano del 1982 e qui a Jenin è rimasta impressa nella memoria di tutti.

Un mese dopo, Yasser Arafat era venuto a Jenin e aveva paragonato la resistenza del campo profughi alla battaglia di Stalingrado, la più famosa della seconda guerra mondiale ma anche, con i suoi 2 milioni di morti, quella considerata la più sanguinosa della storia. «Questa è Jeningrado»[2] aveva detto il capo dell'Organizzazione per la liberazione della Palestina. Intendeva: a prescindere dal sangue che verrà versato dai suoi abitanti, Jenin è la città che non cederà mai all'occupazione. «È la capitale della violenza, della militanza e della resistenza palestinese alle occupazioni di tutte le epoche.» Firas quel giorno c'era e quando mi racconta il comizio dell'uomo che è rimasto il suo mito cambia postura, apre il petto, alza il mento e usa un tono commosso ma assieme trionfante.

Ai tempi della Seconda intifada Firas è ancora giovane, ma non partecipa neppure a quella guerriglia. Ha chiuso con la lotta armata poco prima, negli anni Novanta, quando viene arrestato dagli israeliani che lo condannano a quindici anni di carcere, ma lui non ne sconta nemmeno uno. Lo salva il dialogo, lo salvano gli accordi di Oslo dell'agosto 1993. Firas viene amnistiato e da quel momento – dato che gli hanno risparmiato quindici anni di prigione, gli hanno regalato la libertà e la possibilità di farsi una vita – comincia a credere nei negoziati. Crede nella diplomazia e nel processo di pace. Crede in Yasser Arafat, che quegli accordi li ha firmati stringendo la mano al primo ministro israeliano Yitzhak Rabin – poco prima che venisse ammazzato dagli estremisti e che il processo di pace morisse con lui, tra i festeggiamenti di Ben-Gvir.

Da adulto, Firas cerca di passare questo insegnamento a suo figlio: che parlarsi è utile, che la diplomazia può funzionare, che se non ci fosse stata la diplomazia lui non sarebbe proprio nato, perché «papà sarebbe stato in cella invece che insieme a tua madre». Anche se non sembra, anche se gli accordi di Oslo oggi sono falliti, anche se la lotta armata è più netta e fa più impressione, il momento in cui una nazione palestinese è stata più vicina a esistere è stato quando Arafat e Rabin si sono stretti la mano. Non quando Hamas ha fatto saltare in aria un gruppo di anziani ebrei al Park Hotel di Netanya. Firas non ha alcuna stima di Hamas, nel senso che lo considera politicamente scarso.

Ricomincia a raccontarmi del figlio, un adolescente smilzo e arrabbiato che ascolta le sue filippiche su Arafat e sulla diplomazia in rispettoso silenzio sdraiato sul divano, e che non oserebbe mai interrompere suo padre. Ma che non crede a una parola di quello che ascolta. Lui, Samih, non ha vissuto l'entusiasmo del processo di pace ma soltanto le macerie che ha lasciato il suo fallimento. Della diplomazia lui non si fida, si fida degli M-16. E in un posto sicuro a un chilometro da casa nasconde tre fucili d'assalto.

Il raid che è cominciato mentre mi arrampicavo sulla salita per raggiungere la casa di Firas serve a stanare e uccidere i compagni di *katibah* – di battaglione – del figlio Samih, che è morto l'anno scorso, a 19 anni, con il fucile in mano.

Il giorno in cui Samih è stato ucciso, l'esercito era entrato a Jenin per cercare un miliziano di Hamas che la settimana prima aveva sparato a due israeliani a Huwara: l'attacco che aveva innescato le violenze di massa contro i palestinesi da parte dei coloni, con case e automobili incendiate, con cento feriti e un morto, che il comandante dell'esercito responsabile della zona aveva definito «un pogrom».

L'ultima immagine che abbiamo di Samih è diventata famosa, virale sui social, messa in pagina dai quotidiani internazionali: lo vediamo a cavalcioni di una finestra, in jeans, camicia azzurra e passamontagna, che con una mano si tiene al cornicione e con l'altra spara con un fucile d'assalto, mentre qualcuno da dentro la casa lo tiene per la cintura di modo che non perda l'equilibrio. Dato che la sua foto l'hanno vista tutti, i gruppi armati palestinesi hanno fatto a gara a rivendicare Samih come uno dei propri. Le brigate al Quds, l'ala militare del movimento per il Jihad islamico in Palestina, dicono che era un miliziano delle brigate Jenin, legate al gruppo.[3] C'è anche una canzone su di lui: «Il popolo chiede: chi è l'uomo mascherato nella foto? / è il nostro eroe Samih Abu el Wafa, la leggenda / è apparso in armi dalla finestra, con il volto coperto / il leone delle imboscate, il comandante martire Samih Abu el Wafa».[4]

Firas non si aspettava le migliaia di ragazzini sconosciuti che si sono presentati al funerale di suo figlio e si sono complimentati con lui «per aver messo al mondo un eroe della resistenza», perché, dice, non sapeva niente della doppia vita di Samih. Ascoltava quelle lusinghe e rimaneva zitto, nel silenzio imbarazzato di un padre che ha capito chi fosse e cosa volesse davvero il figlio soltanto quando ha riconosciuto gli stivaletti Blundstone che gli aveva regalato nella foto diventata celebre.

Nella casa di Firas ci sono due enormi fotografie del figlio morto appese alle pareti. La prima è il suo poster da martire, la classica immagine che viene creata per ricordare i miliziani delle fazioni palestinesi uccisi mentre sparavano contro gli israeliani: un fotomontaggio del ragazzo con alle spalle la cupola della roccia a Gerusalemme. La seconda è una foto più esplicita: Samih con i suoi tre fucili.

Dopo anni in cui Samih ha ascoltato Firas parlare di diplomazia in silenzio, rispettoso, anche se non era d'accordo, ora è Firas che ascolta il figlio in silenzio guardando le sue foto. Ma continua a non essere d'accordo. «Perché qui bisogna reimparare a parlare di politica, perché quella è una scelta che non funziona» mi dice infervorandosi mentre parliamo nel buio. La Palestina esisterà davvero come Stato, va avanti, quando i palestinesi avranno convinto la comunità internazionale: bisogna convincere la Germania, l'Italia, la Cina, la Svizzera, il Canada, gli Stati Uniti, con un piano politico. «Per quanto la diplomazia ai ragazzi possa sembrare un'idea superata, o peggio un'idea ingenua, è molto più ingenuo pensare di poter sconfiggere Israele militarmente.»

E Jenin sarà anche Jeningrado, ma essere indomabili, se significa anche essere politicamente immobili, «non serve e non basta».

Il fatto è che gli anziani che la pensano come Firas stanno diventando sempre più una minoranza in Palestina, così come in Israele ci sono sempre meno persone del tipo di Seidemann e Baskin che credono in una soluzione politica. La palla è passata ai delusi e agli intransigenti, ai giovani col fucile, come in Israele sta passando ai giovani delle colline.

Da questo lato del muro di separazione quelli come Firas, che non sono pacifisti ma realisti, che vogliono parlare di politica, stanno venendo rimpiazzati da quelli che dicono di non volere più parole, ma azioni – azioni violente sul terreno, contro i fatti sul terreno dell'occupazione. Anche Ghazi Hamad, il più trattativista dentro Hamas che negli ultimi vent'anni ha parlato con Baskin, oggi va in televisione a dire che il 7 ottobre è stato soltanto l'inizio. Dall'altro lato, in Israele, quelli che tifavano la morte dell'ultimo leader israeliano a volere la pace, come Ben-Gvir, o facevano piani per far saltare in aria pezzi di autostrada in risposta alla decisione di smantellare le colonie a Gaza, come il ministro delle Finanze Bezalel Smotrich,[5] raggiungono posizioni di governo. Né gli uni né gli altri vogliono la pace o la sicurezza: entrambi vogliono tutto, *from the river to the sea*.

La fiducia nei fucili

Una volta a Tulkarem c'era un monumento a Yasser Arafat, ma è stato distrutto con i bulldozer dall'esercito israeliano durante un raid poco dopo il 7 ottobre. Quando arrivo in città ce n'è appena stato un altro, di raid: ci sono l'asfalto divelto e una strada distrutta, i cavi elettrici tagliati. C'è anche un buco enorme a terra nella piazzetta principale di fronte alla moschea: «Questo l'hanno fatto i ragazzi piazzando una bomba rudimentale, poi hanno aspettato che il bulldozer israeliano ci arrivasse sopra e bam» mi dice un ventenne con la mano destra amputata e la kefiah rossa – infuriato perché le autorità non lo lasciano andare a pregare alla moschea di al Aqsa – che chiameremo Karem perché preferisce non far sapere in giro il suo vero nome. Con lui c'è un gruppetto di giovani vestiti di nero e un ragazzo di 22 anni con la testa rasata che è stato liberato oggi dopo due anni passati in una prigione israeliana «per un'azione patriottica», dice, e violenta, di cui non vuole parlare. Alcuni di quelli vestiti di nero portano una fascia sulla testa con stampati sopra versetti del Corano e tutti sparano verso il cielo per fare una festa a chi è appena uscito di galera. Gridano il nome del fratello diciannovenne del ragazzo con la testa rasata, che è morto sotto un missile lanciato da un drone in un raid, non quello di pochi giorni fa, non quello in cui hanno distrutto la statua di Arafat, un altro ancora. A Tulkarem ce ne sono stati diciotto dal 7 ottobre a quando torno qui, cinque mesi dopo. «Si chiamava Samer, che significa lucente come il sole» dice il fratello urlando nel mio orecchio per sovrastare il rumore dei colpi.

I ragazzini del campo profughi di Tulkarem hanno cucito tra loro grandi teli neri di plastica e poi li hanno appesi legandoli alle finestre in modo che vadano da una palazzina a quella di fronte, coprendo la strada per evitare che i droni-spia israeliani vedano gli uomini armati mentre si spostano da un punto a un altro nei vicoli. Sotto i teli neri, sventolano due bandiere verde brillante di Hamas. Quando li incontro, i palestinesi di Tulkarem con il fucile in mano hanno sentito da poco l'appello del portavoce dell'ala militare del gruppo, Abu Obeida, che ha chiesto loro un salto di qualità negli attacchi e una mobilitazione in direzione della moschea di al Aqsa durante il Ramadan. «Questo è il mese della vittoria, questo è il mese del jihad» ha detto loro Obeida.

Alla fine, nel braccio di ferro tutto israeliano tra l'intelligence da una parte e la polizia dall'altra rispetto a cosa fare con la moschea di Gerusalemme durante il Ramadan, ha vinto la prima: il governo ha deciso di non impedire l'accesso ad al Aqsa per evitare di alzare ulteriormente la tensione. È stata una scelta furba. Hamas è dispiaciuto: Abu Obeida si augurava che il mese sacro fosse l'occasione per una nuova intifada, ci sperava tanto, perché già il 7 ottobre aveva provato a incitare i palestinesi della Cisgiordania a unirsi alla guerra vera e propria, ma non era successo. Quel giorno Mohammed Deif, il capo delle brigate al Qassam, l'ala militare del gruppo intitolata allo sceicco guerrigliero che combatteva contro i britannici, aveva detto ai palestinesi della Cisgiordania «di marciare in avanti, con armi leggere o pesanti, perché il momento è arrivato». E poi: «Questo è il giorno in cui la storia apre le sue pagine più pure». Ma i giovani armati di Tulkarem, Nablus e Jenin non l'avevano ascoltato. Per scelta o per mancanza di organizzazione o per paura, come diceva Aaron, il colono di Hebron col fucile appeso al petto. Perché anche se alcuni simpatizzano per Hamas, non hanno rapporti diretti con il suo esercito a Gaza e non frequentano i suoi comandanti. Anche se simpatizzano per Hamas, sono a disagio quando parli con loro di quello che è successo il 7 ottobre. Qualcuno lo è in modo esplicito: hanno visto su Telegram le foto dei cadaveri delle signore anziane fucilate alla fermata dell'autobus di Sderot e pensano che sia stato sbagliato. La maggioranza però taglia corto negando: «Hamas non colpisce donne e bambini perché il Corano lo vieta».

Karem, che mi fa da cicerone tra i miliziani, in tutta la sua vita non ha mai visto il mare, anche se è nato e abita a quindici minuti di auto dal Mediterraneo, e non ha mai visto la moschea di al Aqsa, perché ha meno di 45 anni e non è sposato, quindi di solito gli israeliani non lo fanno entrare. Questo Ramadan potrebbe essere la sua occasione per andare a pregare lì.

Karem è un tipo spigliato, ha studiato ingegneria all'università di Tulkarem, parla un inglese perfetto e nel 2016, il giorno in cui il presidente Donald Trump ha riconosciuto Gerusalemme capitale d'Israele, è uscito dall'aula dell'università, ha attraversato il prato e si è messo a tirare pietre contro l'installazione militare di fronte per protesta. Non ha più la mano destra perché gliel'ha portata via una fucilata israeliana quel giorno. Il cecchino gli ha sparato e gli ha gridato: «Così non ti potrai mai vendicare». «Ma non potrò neanche trovare un buon lavoro, aiutare mia nonna con la spesa, guidare l'auto per accompagnare i figli a scuola» commenta Karem allargando le braccia per sottolineare l'ovvio: quanto sia crudele privare un uomo della sua mano destra.

Non sono pochi i giovani maschi senza la mano destra nel nord della Cisgiordania. Gli altri, quelli che la mano ce l'hanno ancora, negli ultimi mesi si stanno unendo in massa ai gruppi armati. Gli abitanti di Tulkarem parlano senza timidezze di questa ondata di adesioni, che sono diventate più numerose negli ultimi mesi di stragi di uomini, donne e bambini a Gaza. «Prima studiavo Giurisprudenza, adesso ho cambiato mestiere» mi dice Ahmed, una delle nuove reclute, distogliendo lo sguardo e indicando il fucile che porta a tracolla, su cui ha appiccicato un po' di adesivi con i ritratti dei suoi amici ammazzati.

Tulkarem è presa in un circolo di violenza che funziona così: i giovani si arruolano nei gruppi armati, gli israeliani fanno i raid. Gli israeliani fanno i raid, i giovani si arruolano nei gruppi armati. La novità rispetto al passato è che questi gruppi armati sono indipendenti. Negli ultimi due anni in tutta la Cisgiordania sono nate nuove fazioni composte da giovanissimi e slegate sia da Hamas sia dalle fazioni dell'Organizzazione per la liberazione della Palestina. Gruppi più piccoli e spontanei in cui quelli come Ahmed incanalano la loro frustrazione per l'occupazione sempre più pervasiva, per le colonie sempre più grandi e più vicine, per la povertà, ma anche per la corruzione e la paralisi dell'Autorità nazionale palestinese che li governa, e che loro vedono come un'entità collaborazionista che si comporta da poliziotto di Israele.[6]

I primi gruppi di questo tipo sono comparsi a Jenin nel

2021, dopo che l'ANP aveva cancellato le elezioni legislative e presidenziali che dovevano tenersi quell'anno perché aveva troppa paura di perderle. Sono le brigate Jenin, di cui faceva parte Samih, il figlio di Firas. Il gruppo più famoso però è nato l'anno dopo, nel 2022, a Nablus: si chiama Tana dei leoni. L'hanno fondato due uomini di 25 e 28 anni, Mohammed al Azizi detto «Abu Saleh» e Abdel Rahman Suboh detto «Abu Adam», entrambi morti poco tempo dopo, mettendo insieme ragazzi delusi che prima aderivano a un po' tutte le fazioni palestinesi.[7] La Tana dei leoni ha cominciato a scontrarsi sia con gli israeliani sia con l'Autorità nazionale palestinese, e a postare i video della guerriglia su TikTok e su Telegram.

Sia l'Autorità nazionale palestinese sia Israele cercano di reprimere questi gruppi con gli arresti e le operazioni militari. Il problema è che sono popolari. L'ANP prova a usarli per convincere Israele a fare un passo indietro, a smettere di minare la credibilità del suo governo fragile con i raid e le colonie: se non ci lasciate fare il nostro mestiere, poi dovrete vedervela con questi, teste calde meno affidabili e disponibili di noi – è il messaggio. Israele, al contrario, li usa come prova del fatto che l'ANP non può essere lasciata da sola in quel territorio, perché non sa nemmeno controllare quel poco che dovrebbe controllare.

Anche la reazione israeliana, però, che è sempre la stessa (assassinii mirati e punizioni collettive), non funziona mai: in tutti questi anni, invece di far diminuire il sostegno per i combattenti, l'ha fatto aumentare. Le incursioni israeliane vorrebbero essere anche un modo per mettere in guardia gli abitanti, per mandare il messaggio che non conviene avere i gruppi armati tra loro. Ma i residenti di Tulkarem rispondono: è la diciottesima volta che ci distruggete la strada, lo fate a ogni raid. E dopo ogni raid noi la dobbiamo rimettere a posto, senza soldi perché voi, che raccogliete le tasse al posto dell'Autorità nazionale palestinese, avete smesso di versargliele come avevate promesso di fare. I gruppi armati giovanili sono l'ultimo dei nostri problemi.

A partire dagli accordi di Oslo, la Cisgiordania è divisa in tre parti: l'area A, in teoria sotto il pieno controllo dell'ANP, l'area B, dove l'ANP gestisce gli affari civili e Israele ha il controllo della sicurezza, e l'area C, sotto il pieno controllo israeliano. Ma, citando la presenza dei gruppi armati, l'esercito israeliano entra sempre più spesso nell'area A, così indebolisce ancora di più l'autorità dell'ANP e di conseguenza cresce ancora la popolarità dei gruppi meno dialoganti, più aggressivi e radicali. È un circolo vizioso che potrebbe illustrare un trattato sui circoli viziosi.

Il punto è che questi gruppi nati dal basso, dalla rabbia per l'occupazione e per l'immobilismo delle fazioni palestinesi, hanno dietro una maggioranza non armata che la pensa come loro. Non sono particolarmente pericolosi per lo status quo: ognuno ha poche centinaia di militanti, non sono collegati tra loro, non hanno una strategia né militare né politica. Non hanno mai spiegato né come pensano di combattere l'occupazione al di là degli attacchi violenti isolati né cosa vogliono fare con l'Autorità nazionale palestinese. Ma sono un sintomo. Il sintomo di un grosso vuoto di leadership nella politica palestinese.

Già prima del 7 ottobre c'era chi diceva che la Cisgiordania fosse vicina a un'altra insurrezione. Che fosse inevitabile, perché la tensione stava raggiungendo il punto di non sopportabilità. Dopo quella data e dopo l'inizio dell'invasione di Gaza, la pressione è soltanto aumentata. Ancora più attacchi, ancora più espropri, ancora più limitazioni a una vita che comunque normale non è mai stata.

A Jenin, una giornalista della televisione pubblica mi ha detto: «La terza intifada è già qui, non se n'è accorto nessuno soltanto perché il massacro a Gaza copre tutto il resto».

Un sondaggio del dicembre 2023, due mesi dopo il 7 ottobre, mostrava che in Cisgiordania il sostegno per Hamas era triplicato dopo gli attentati e, in parallelo, che il supporto per Fatah e l'ANP era crollato. È un fatto che Hamas sia molto più popolare in Cisgiordania, dove non ha mai governato, che nella Striscia, dove lo conoscono bene.[8] Ma allora perché quando il gruppo islamista ha chiesto ai palestinesi della Cisgiordania di insorgere e di aprire un secondo fronte della guerra non si è mosso nessuno? Ritorna quello che mi ha detto il colono armato incontrato a Hebron, quello che girava con il fucile e diceva che a Gaza non ci sono innocenti: i palestinesi non fanno più di così perché hanno paura, e fanno bene ad averne. La brutalità a Gaza, con la distruzione pressoché totale di città intere, serve anche a dire questo: pensateci prima di alzare il tiro, perché non ci mettiamo niente a fare lo stesso anche qui. Colpire la Striscia per educare la Cisgiordania.

È per questo che le manifestazioni settimanali organizzate dopo il 7 ottobre a Jenin, a Tulkarem, a Nablus si tengono in centro e non ai checkpoint come durante la Seconda intifada: così c'è meno rischio che finiscano in scontri con i militari israeliani. Il numero delle persone che partecipano è ridotto rispetto al passato ed è una conseguenza della spaccatura politica tra i palestinesi. Quando le manifestazioni le organizza il partito del leader dell'ANP Abu Mazen, Fatah, la gente non va in piazza perché non crede più nel suo modo burocratico di gestire la causa palestinese. Ma esita ad andare in piazza anche quando le chiama Hamas, per un altro motivo: ha paura per la propria sicurezza, non sa come reagirebbero gli israeliani, partecipare potrebbe essere come dipingersi un bersaglio sulla schiena.

La Seconda intifada del 2000 era stata favorita dalla frustrazione palestinese nei confronti del fallimento degli accordi di Oslo, ma era stata possibile perché dentro Fatah si era creata una frattura: la vecchia guardia legata a Oslo, fatta dagli uomini come Firas, contro i giovani che volevano una nuova strategia e che avevano incoraggiato la violenza. Perché accada qualcosa del genere oggi ci vorrebbe un cambiamento all'interno di Fatah, una cosa che non è all'ordine del giorno. «È molto chiaro che Fatah non vuole nessuna intifada» ha detto Raed Debiy, un giovane palestinese impegnato in politica e deluso dal partito al governo. «Sono ancora molto desiderosi di mantenere lo status quo. Ma non riusciranno a controllare per sempre la loro base. Come puoi stare zitto tra assassinii, invasioni, violenze quotidiane dei coloni? Tutto questo porterà di sicuro a un'esplosione.»[9]

«Lascia stare questa cosa buona»

Ogni volta che Israele decide che è il momento di fare un'incursione in una qualsiasi delle città della Cisgiordania, la vita si ferma. E se sei un ragazzino palestinese e in quel momento ti trovi a scuola finisce che ci rimani bloccato dentro, in attesa che il raid finisca o che l'esercito ti permetta di andare a casa. È successo in una scuola dove sono stata a Qabatiya, una cittadina alla periferia di Jenin. Un palazzone di cemento alto tre piani con le sbarre alle finestre. Classi con trentacinque ragazzini maschi, facce nervose, felpe nere e cappucci tirati su in testa. Qualsiasi insegnante direbbe che tenere a bada trentacinque tredicenni è un incubo anche in condizioni normali. Qui le condizioni normali non ci sono. Per un giorno quasi mille adolescenti sono rimasti chiusi dentro alla scuola di Qabatiya mentre fuori le strade si sono trasformate in una zona di guerra con lacrimogeni, razzi e proiettili. Gli insegnanti urlavano: «Lontani dalle finestre!». I ragazzini erano tutti alle finestre. Non staccavano il naso dai vetri anche perché quelli che i soldati israeliani stavano rincorrendo lungo il perimetro del palazzone di cemento erano i loro vicini di casa, gli amici, i parenti – qui chiunque ha un amico o un parente in uno dei gruppi armati.

Era come stare al Colosseo: tutti avevano un punto di osservazione da dove guardare dall'alto, per ore e ore, una scena di caccia in cui le prede sono persone e ti somigliano. Ovviamente frequentano queste aule anche i fratelli minori dei palestinesi ammazzati quel giorno. E oltre alle mitragliate e ai colpi di risposta, ai ferimenti e alle uccisioni, hanno assistito a una scena più cruda del solito: i militari israeliani che, a pochi metri dalle finestre della scuola, con i piedi, spingono giù dal tetto di una casa il cadavere di un palestinese che hanno ucciso, prima di farlo portare via da una ruspa.

La scena è immortalata in un video girato da uno studente e diventato virale. Un ragazzino meno taciturno dei suoi compagni mi indica la casa di fronte all'ultima finestra in fondo all'aula e mi dice: «È quella, vedi i cassoni neri dell'acqua sul tetto? Vedi la parabola? La casa è quella». Il fratello del morto, raccontano i suoi compagni, non dice una parola da una settimana – da quel giorno. Il preside è isterico e dopo l'ultimo raid ha pensato di gettare la spugna. «Tenerli sui banchi è già complicato, evitare le conversazioni su Gaza e concentrarci sul problema di algebra è già complicato, ma se questi sono i nuovi metodi dell'esercito fare il mio mestiere qui è impossibile. Anzi è inutile.» E poi chiosa: «Il fratello della vittima voleva diventare un avvocato, oggi chissà se ha la stessa idea di futuro».

Forse per i soldati israeliani – che hanno una concezione molto disinvolta di cosa sia legittimo fare pur di esercitare la deterrenza, pur di spaventare il nemico con l'obiettivo di immobilizzarlo – buttare giù da un tetto il cadavere di un miliziano palestinese ventenne davanti a duemila occhi di palestinesi minorenni è efficace, perché terrorizza. Ma vista dalla scuola di Qabatiya la scena sembra più un favoloso volantino pubblicitario per la Tana dei leoni e per le brigate Jenin. «Lascia stare almeno questa cosa buona», una scuola, è il messaggio che il preside vorrebbe far arrivare a Israele. Ma da un po' di tempo, ancora di più da dopo il 7 ottobre, le cose buone non sono mai al riparo.

Un posto in cui vado sempre quando capito a Gerusalemme è l'Educational Bookshop, l'ultima volta ci ho comprato *Gaza Writes Back*,[10] una raccolta di racconti di autori e autrici giovani curata da Refaat Alareer. Lo cercavo perché conoscevo già una delle scrittrici, Jehan Alfarra, e il suo racconto in cui la Striscia è senza elettricità e lei non sa se maledire Israele oppure se stessa perché non ha stampato in anticipo il compito da consegnare il giorno dopo a scuola, in previsione del fatto che avrebbero potuto staccare la corrente. Quella notte Jehan si affaccia alla finestra nel buio e Israele, con tutte le sue lucine accese dentro le case, le sembra «una prosecuzione del cielo stellato».

L'Educational Bookshop è la libreria nella parte orientale della città gestita da Imad Muna, un palestinese sessantenne, e da vari membri della sua famiglia – fratelli, figli, nipoti – che è una tappa fissa per chiunque venga da fuori, ormai quasi un'attrazione turistica. La libreria della famiglia Muna è famosa in tutto il mondo perché da quarant'anni fa da punto di incontro per intellettuali israeliani, palestinesi e internazionali aperti al dialogo. Qui puoi trovare le copie di «al Quds», il giornale palestinese su cui scrive Gershon Baskin, ma anche l'edizione in arabo di *Sex and the city* di Candace Bushnell.

Da quando in Israele è al potere il governo più estremista della storia, un'altra «cosa buona», la libreria della famiglia Muna, ha sempre più problemi. Ogni due o tre mesi ci passa la polizia e butta i libri in terra, mette tutto a soqquadro. L'ultima volta, a marzo 2025, i poliziotti hanno sequestrato cinquanta libri scegliendoli soltanto in base alla copertina – se c'era la bandiera palestinese o la parola Palestina – e traducendo i titoli dall'arabo con l'applicazione di Google Translate. Hanno preso anche un volume sullo street artist Banksy e uno di Noam Chomsky. Poi hanno chiuso il negozio a chiave e se la sono portata via. Imad è stato arrestato, ma è stato rilasciato senza accuse poche ore dopo. Questa volta è andata anche bene: il mese prima il figlio e il fratello di Imad, Ahmed e Mahmud, erano stati tenuti in carcere per due giorni e poi per altri cinque agli arresti domiciliari con l'accusa di incitamento al terrorismo; la «prova» dell'incitamento al terrorismo era un libro per bambini di quelli con le figure da colorare: *From the River to the Sea* dell'illustratore sudafricano Nathi Ngubane.

L'obiettivo di queste visite e perquisizioni non sembra affatto cercare le prove di qualche reato, ma intimidire e fare terra bruciata. È chiaro che sia così perché tutte le volte che la polizia, quella che risponde al ministro Ben-Gvir, è andata a disturbare l'Educational Bookshop, lo ha fatto senza chiedere al procuratore generale di aprire un'inchiesta formale sulla libreria, come avrebbe dovuto. E anzi, dopo la prima volta, gli agenti si sono presi una lavata di capo da quell'ufficio. Però poi sono tornati, con la scusa di aver ricevuto una segnalazione da un passante che, dicono, aveva visto «materiali sospetti» in vetrina.[11]

Il messaggio da far passare è: vi teniamo d'occhio. Magari non potremo farvi chiudere, per ora, ma possiamo già fare del nostro meglio per rendervi la vita impossibile. E il messaggio è stato recepito: Mahmud Muna ha detto, con il dubbio negli occhi e un tono di voce cauto, di essere rimasto traumatizzato per la facilità con cui è passato «da essere un punto di riferimento della letteratura e della cultura del mio paese a essere trattato come un criminale, vestito come un criminale e presentato in tribunale come un criminale».[12]

Anche perché i testi in vendita all'Educational Bookshop non sono volantini in ciclostile di Hamas, ma saggi sul conflitto israelo-palestinese facili da trovare in qualsiasi libreria del mondo. La maggior parte dei clienti sono stranieri: giornalisti internazionali come me, diplomatici, turisti. L'Educational Bookshop è famoso, ma forse gli agenti di polizia che sono andati a perquisirlo la prima volta non lo sapevano, infatti sono rimasti stupiti dell'attenzione mediatica che ne è nata. Il raid è finito sulle pagine del quotidiano progressista israeliano «Haaretz», è stata diffusa una petizione in arabo e in ebraico per chiedere il rilascio di Mahmud e Ahmad Muna e, al momento della loro comparsa in tribunale per l'udienza di convalida dell'arresto, la loro libreria, che nel frattempo aveva riaperto, è stata presa d'assalto da molte persone – tante israeliane – venute a fare acquisti per solidarietà.[13]

Il paradosso è che se la prima volta la libreria della famiglia Muna era stata presa di mira a caso, non per la sua importanza, ora è diventata un bersaglio in quanto «cosa buona» riconoscibile.

Una delle cose buone rovinate che ho incontrato nei viaggi in Palestina era stata particolarmente faticosa da costruire e ora è la più difficile da riparare. È a Tulkarem e la gestisce Nehaya Aljondi, una signora tenace e gentile soprannominata «il generale», con una postura rigida e la testa avvolta in un fazzoletto a fiori colorato.

Quando torno in città c'è appena stato un altro raid israeliano, i politici locali dell'Autorità nazionale palestinese mi portano a vedere i danni: i soldati hanno distrutto un asilo dicendo che con quello nel mezzo erano «scomode le manovre con i bulldozer». Hanno distrutto anche un fast food famoso perché faceva il miglior knafeh della zona, il dolce tipico con lo sciroppo e il formaggio. Il raid di stanotte nel campo profughi è durato dalle undici e mezza circa alle sei di mattina. Quando è cominciato, Nehaya stava aiutando sua figlia tredicenne a studiare per un'interrogazione importante che avrebbe avuto il giorno dopo a scuola. A mezzanotte hanno capito che la scuola non sarebbe stata aperta e hanno chiuso i libri. Si sono messe in un punto lontano dalle finestre per non rischiare di venire colpite dalle schegge di vetro nel caso di un'esplosione vicina e hanno aspettato l'alba accucciate per terra al centro della stanza, senza riuscire a dormire per la tensione e per il rumore dei colpi. Oltre alla paura per sé e per sua figlia, Nehaya aveva una preoccupazione in più: come avrebbe trovato, il giorno dopo, il suo centro specializzato e ben equipaggiato per bambini disabili, l'unico nel suo genere in questa parte della Cisgiordania. E aveva ragione a preoccuparsi, perché la mattina, quando ci arriviamo insieme, la struttura è messa male.

Il centro è stata una sua idea, lo ha costruito lei e ha trovato lei i fondi di donatori privati internazionali – britannici, emiratini e anche israeliani. È all'avanguardia, è tecnologico, è pieno di attrezzature straniere costose. Oggi lo frequentano un centinaio di minori: ogni giorno tanti genitori portano qui i loro figli da tutta la Cisgiordania perché di posti così non ce ne sono molti da queste parti. Gli ospiti del centro sono bambini e adolescenti con disabilità dalla nascita oppure che sono rimasti feriti o mutilati di recente. Qui trovano una struttura specialistica che li aiuta a muovere i muscoli e a fare quello che non riuscirebbero a fare da soli. E che alleggerisce le famiglie da un lavoro che non si può – e non si sa – fare tutto da soli.

Le attrezzature servono a muoversi, a imparare a mangiare senza essere imboccati, a imparare a lavarsi per conto proprio, a ragazzini che altrimenti non imparerebbero forse mai a farlo. Nehaya mi presenta, un macchinario alla volta, l'equipaggiamento di alto livello che con grandissima testardaggine riesce a farsi comprare dai donatori e spedire dall'estero. Ci mette un sacco di tempo, perché la logistica è complicata, perché la burocrazia israeliana sulle importazioni palestinesi è un incubo e perché in generale non è facile far arrivare macchinari del genere in un campo profughi dentro un territorio occupato, però ce la fa.

Nehaya si occupa di bambini disabili per via della sua storia personale: quando aveva 9 anni ha avuto un incidente che le ha provocato un'invalidità motoria, all'epoca nessuno sapeva come aiutarla: «Oggi io avrei capito cosa fare subito per garantirmi una vita migliore dopo, ma allora i miei non sapevano da dove cominciare e non c'erano esperti a cui chiedere aiuto nella zona». Crescendo ha deciso di provare a evitare che altri bambini facessero la stessa fatica che aveva fatto lei: ha studiato psicologia e pedagogia e ha cominciato a occuparsi di disabilità sia fisica sia mentale. Da queste parti la conoscono tutti, la rispettano tutti e l'hanno soprannominata «il generale» per la sua capacità di organizzare le cose e farle funzionare, per quel talento che nei corsi aziendali per manager chiamano «problem solving».

Il centro è tenuto bene, è pulito e confortevole. Il risultato è che ogni volta che l'esercito israeliano entra a Tulkarem per un raid, si piazza sempre nella struttura per disabili di Nehaya Aljondi. «I soldati la adorano, a quanto pare», purtroppo. Ogni volta che ci passano la riducono a un porcile: usano i bagni e non tirano lo sciacquone, danneggiano le attrezzature che sono delicate, le buttano in cortile per farsi spazio e così le rompono. Nehaya è un generale anche perché di fronte a questi comportamenti non si spazientisce, non perde tempo con le maledizioni e i pianti, ma prova a reagire nell'unico modo in cui le sembra possibile farlo: mettere in ordine. Infilare i guanti e lavare i cessi usati dai soldati avendo in mente una cosa che le interessa di più della rabbia: i bambini che stanno per arrivare. E poi chiamare i donatori internazionali per chiedere di mettere pressione all'esercito israeliano. Nehaya ha carisma, è autorevole, sa tenere i rapporti e sa chiedere aiuto. Telefona al consolato britannico, che la conosce e la rispetta. Il consolato britannico chiama le Forze armate israeliane e chiede spiegazioni su cosa ci facciano i militari dentro una struttura sanitaria finanziata dal Regno Unito. L'esercito risponde che non è vero, che non ne sa nulla, nonostante le tracce della presenza dei soldati siano ovunque: buchi nelle tende per farci passare il fucile rimanendo nascosti dietro, impronte degli stivali anfibi professionali sulle porte sfondate, carte di barrette energetiche israeliane buttate per terra, bossoli dei loro proiettili. Gli impiegati del consolato si arrabbiano più di quanto non si conceda Nehaya: «La rabbia non mi serve, le attrezzature nuove invece mi servono» dice, adesso senza guardarmi, come se fosse assorta in una conversazione con se stessa.

Nell'ultimo raid i soldati israeliani sono saliti in piedi, appesantiti dai fucili d'assalto e dai giubbotti antiproiettile che indossano, su un macchinario di vetro e acciaio per la riabilitazione che era costato 4700 dollari, che aveva impiegato tre anni ad arrivare fin qui e che ora non funziona più. «Le cose buone, come succede anche alla convivenza oppure alla pace, si rompono in un attimo e si aggiustano in un secolo.»

Il lavoro unisce

Il 18 maggio 2021 le strade di Ramallah, la capitale di fatto dello Stato palestinese che di fatto non esiste, sono deserte. Tutti i negozi sono chiusi, le serrande abbassate e lucchettate, le auto parcheggiate, le piazze vuote. Solo ogni tanto passa qualcuno, a ricordare che stavolta la causa non è un'incursione israeliana ma altro: il più grande sciopero della storia palestinese recente. È tutto chiuso in Cisgiordania, non soltanto a Ramallah ma anche a Nablus, a Tulkarem, a Hebron, a Jenin. È tutto chiuso a Gaza. Ma è tutto chiuso anche dentro Israele: sono chiusi i negozi di proprietà araba sul lungomare di Giaffa, sono abbassate le serrande a Ramla e a Lod. Sono fermi i cantieri edili di tutto il paese, dove la maggior parte degli operai è palestinese.

Lo «sciopero della dignità» è un successo quasi senza precedenti. Perché l'adesione è pressoché totale ma soprattutto per un altro motivo: il movimento non è partito dalla Palestina, ma da dentro Israele. A fermarsi per primi sono stati i palestinesi che vivono e lavorano nello Stato ebraico e soltanto dopo l'agitazione si è diffusa in Cisgiordania e a Gaza, dove sia Fatah sia Hamas, colti alla sprovvista, hanno deciso di accodarsi. L'ultima volta che era successa una cosa del genere, che uno sciopero partito da dentro Israele si era diffuso in Palestina, era stato mezzo secolo prima, nel 1976. L'unico precedente è il Giorno della Terra il 30 marzo di quell'anno, una data che ancora oggi viene commemorata perché fa parte della formazione dell'identità nazionale: la prima volta che i cittadini arabi israeliani si sono organizzati per rispondere alle politiche del governo come membri di una collettività palestinese.

Il 18 maggio 2021, mentre le strade delle città si svuotano e i negozi chiudono, i palestinesi si riuniscono nelle piazze per grandi manifestazioni di protesta. Sul motivo per cui protestare c'è soltanto da scegliere: l'occupazione, un attacco israeliano in corso a Gaza, lo sfratto di alcune famiglie dal quartiere di Sheik Jarrah a Gerusalemme est. La manifestazione di Ramallah finisce in scontri, con i soldati israeliani che sparano,[14] ma quel giorno dà una lezione importante: i lavoratori palestinesi sono riusciti a unirsi e coordinarsi dai due lati del confine dimostrando che sono vittime di un sistema che colpisce in modo diverso ma che è un problema per tutti.

Per molti attivisti palestinesi, persone che fanno politica e si fanno domande politiche, quella giornata ha lasciato intravedere una possibilità: la possibilità di prendere un'altra strada, che non porta alla vecchia idea di uno Stato palestinese indipendente ma che va in una direzione nuova – verso uno Stato solo per due popoli, con gli stessi diritti per tutti i cittadini. Una prospettiva che può sembrare fantascientifica, ma se si guarda la realtà sul terreno ci sono posti in cui di fatto lo Stato unico esiste già in modo informale.

Tulkarem, dove tra un raid e l'altro Nehaya Aljondi gestisce il suo centro per disabili e i ragazzini si arruolano nei gruppi armati in massa, è anche un polo industriale: la principale prospettiva di impiego qui è finire a lavorare a Nitzanei Shalom, un complesso di fabbriche il cui nome in ebraico vuol dire «germogli di pace». C'è dell'ironia in questo nome, perché nelle vicinanze non germoglia più niente da quando il complesso è stato costruito, negli anni Ottanta, su territori confiscati agli agricoltori palestinesi. Le dodici fabbriche di Nitzanei Shalom infatti sono molto inquinanti: riciclano rifiuti e producono materie plastiche, fertilizzanti e pesticidi, e sono arrivate qui dopo che il governo israeliano ha cominciato a proporre alle aziende troppo contaminanti, invece di conformarsi agli standard ecologici previsti dalla legge israeliana, semplicemente di trasferirsi nei territori palestinesi occupati in Cisgiordania – offrendo incentivi fiscali per farlo.

È così che i proprietari di fabbriche hanno inaugurato complessi come quello di Nitzanei Shalom in aree palestinesi considerate sacrificabili e dunque sacrificate. Le fabbriche sversano qui la vernice, i pesticidi, il gas liquefatto e contaminano i campi e le riserve d'acqua degli agricoltori locali. Gli abitanti della zona dicono che questi stabilimenti sono responsabili delle loro malattie, che vanno dalle condizioni respiratorie croniche alle leucemie, ed effettivamente a Tulkarem il tasso di diffusione del cancro ai polmoni e della leucemia è cinque volte più alto che nel resto della Cisgiordania.[15] Gli abitanti della zona dicono anche che a volte, se c'è un vento forte che soffia verso Israele, le fabbriche chiudono.

Gli operai degli stabilimenti di Nitzanei Shalom sono tutti palestinesi, con meno tutele e paghe più basse rispetto agli operai israeliani che lavorano nelle altre fabbriche, senza pensioni né congedi per malattia, e senza diritto ad avere una copia del loro contratto di lavoro. Una piccola percentuale del loro stipendio va all'Histadrut, il sindacato laburista israeliano che in teoria dovrebbe tutelarli, ma che lo fa poco. Perciò sono costretti a organizzarsi da soli, rischiando il licenziamento o peggio, perché dopo gli attacchi del 7 ottobre la loro organizzazione sindacale indipendente, il Sindacato dei lavoratori di Tulkarem, è stata dichiarata organizzazione terroristica da Israele. E l'area di Nitzanei Shalom è stata dichiarata zona militare: le fabbriche si sono fermate e tutti gli operai provenienti dai campi profughi sono stati licenziati.[16]

Se la città di Tulkarem viene chiamata «la piccola Gaza» non è un caso, perché è la cosa più simile alla Striscia che esista in Cisgiordania, anche dal punto di vista economico: una zona dormitorio che fornisce manodopera a basso costo e su cui si possono scaricare esternalità negative come i costi sociali e i problemi ambientali. Come è stato per Gaza soprattutto fino agli anni Novanta, quando i palestinesi che lavoravano oltre il confine lì ci tornavano soltanto per dormire.

Dalla guerra dei Sei giorni nel 1967 l'economia israeliana ha cominciato a essere sempre più dipendente dalla manodopera fornita da chi arrivava dai territori occupati, che rimpiazzava i lavoratori israeliani in tutta una serie di occupazioni poco o per nulla qualificate nei campi, nei cantieri, nelle case a fare le pulizie. Alcuni erano impiegati legalmente, con permessi di lavoro, altri – tanti – illegalmente, in nero. È in questo senso che dal punto di vista dell'economia, in qualche modo – certo non il migliore – lo Stato unico esisteva già.

Per quanto senza tutele, per quanto gli stipendi possano essere bassi, i lavoratori palestinesi in Israele si considerano dei privilegiati vista la situazione economica dall'altra parte, nell'embrione del loro Stato. Mentre per Israele questi lavoratori sono da sempre una risorsa ma anche un problema. Una risorsa perché costano poco e occupano settori che altrimenti si troverebbero in carenza di braccia disponibili. Un problema perché sono palestinesi. Il che vuol dire che sono soggetti a tutte le restrizioni di movimento che Israele impone ai palestinesi: se succede qualcosa, se c'è un attacco, una guerra o un attentato, se chiude un checkpoint, le aziende che li impiegano si devono fermare perché i dipendenti non possono raggiungere il posto di lavoro. Così l'economia israeliana, o almeno quei settori che usano tanta manodopera palestinese, si è trovata a dipendere in modo troppo diretto dalle decisioni degli apparati amministrativi e di sicurezza. O meglio: le decisioni degli apparati finivano per avere un impatto troppo grande sull'economia israeliana, riflettendo di rimbalzo l'impatto enorme che hanno sulle vite dei palestinesi. In più, poiché questi lavoratori sono rappresentati almeno in teoria dall'Autorità nazionale palestinese, l'ANP poteva usare il loro peso per provare a imporre condizioni a Israele. Per esempio organizzando uno sciopero enorme come quello del 18 maggio 2021.

Questa interdipendenza ha dato anche un'altra preoccupazione allo Stato ebraico: i lavoratori migranti palestinesi erano un potenziale pericolo. È una cosa che Israele ha capito meglio il 7 ottobre 2023. Gli attacchi di Hamas sono stati possibili anche per l'interconnessione economica tra i due popoli, anche perché Gaza è ancora una zona che fornisce braccia a Israele. Nei kibbutz intorno alla Striscia lavoravano tanti palestinesi e alcuni hanno aiutato Hamas a organizzare gli attacchi. La maggior parte non lo ha fatto: i servizi segreti israeliani hanno smentito che sia stato un fenomeno diffuso o organizzato dall'alto.[17] Anzi, alcuni lavoratori palestinesi sono finiti tra le vittime, come Hashim al Birawi, che dormiva a Gaza, lavorava nei campi del kibbutz Ruhama ed è stato ucciso dai terroristi scesi dal cielo in parapendio.[18] Ma non serviva che fossero tutti, né che fossero la maggioranza: bastava che ce ne fosse uno per ogni kibbutz. Così, quando il 7 ottobre Hamas li ha attaccati, aveva già le mappe di come erano fatti. Quel giorno migliaia dei circa 20 mila palestinesi di Gaza che stavano lavorando in Israele sono stati presi in massa, imprigionati, interrogati, privati di ogni contatto con le loro famiglie nella Striscia, che intanto venivano bombardate dai jet israeliani, mentre si cercava di capire se fossero di Hamas o soltanto nel posto sbagliato il giorno sbagliato.

Per tutti questi motivi, già prima del 7 ottobre Israele si era posto il problema e aveva deciso che la sua economia non poteva dipendere così tanto dal lavoro palestinese. E aveva provato a sostituirlo. Dagli accordi di Oslo in poi aveva cominciato a far arrivare lavoratori da fuori, specialmente dall'est Europa e dal Sudest asiatico: romeni, filippini, thailandesi. Questi ultimi in particolare sono diventati il motore del settore agricolo israeliano, prima del 7 ottobre erano circa 30 mila e negli attentati di Hamas ne sono morti 32.[19] Come conseguenza i lavoratori palestinesi sono diventati più che altro una riserva, un flusso di cui Israele poteva disporre come voleva, aprendo e chiudendo il rubinetto in base alle necessità. Per esempio nel 2006, quando Hamas ha preso il potere a Gaza, il rubinetto è stato chiuso. Dal 2020, quando la pandemia ha messo in difficoltà la globalizzazione e importare lavoratori dall'altro capo del mondo è diventato più complicato, Israele ha riaperto il rubinetto. In questo modo si raggiungevano diversi obiettivi in una volta sola: si rafforzava la stabilità dell'economia israeliana, rendendola meno legata ai palestinesi la cui presenza sul posto di lavoro dipende dall'assenza di problemi di sicurezza; si rafforzava la sicurezza, permettendo agli apparati che se ne occupano di decidere senza doversi preoccupare dell'impatto economico delle loro azioni; si indeboliva l'Autorità nazionale palestinese togliendole una delle ultime carte in mano.

Se prima l'ANP poteva – almeno in linea di principio – far valere il peso dei lavoratori palestinesi in Israele per ottenere qualcosa, dopo che Israele si è organizzato per sostituire la manodopera palestinese sarebbe diventato il contrario: Israele poteva imporre condizioni per permettere ai lavoratori rappresentati dall'ANP di guadagnarsi lo stipendio.

Lo Stato palestinese uscito dagli accordi di Oslo del 1993 è un non-Stato, la cui economia è figlia di quella del vicino-nemico. Le sue esportazioni sono tutte controllate da Israele, le sue importazioni sono tutte controllate da Israele. Il suo mercato del lavoro è sottomesso alle scelte di produzione israeliane e le sue entrate dipendono o dall'economia israeliana – all'inizio degli anni Novanta le rimesse dei lavoratori migranti valevano un quarto del PIL palestinese – o dalla buona volontà dello Stato ebraico, che riscuote le tasse per conto dell'ANP e poi decide quando e se versargliele. Da Oslo in poi, l'economia palestinese ha perso le industrie che aveva e oggi i Territori hanno uno dei tassi di disoccupazione più alti del mondo, tra il 25 per cento e il 30 per cento. Sono numeri che nascondono la situazione ancora peggiore nella Striscia sotto embargo, dove prima del 7 ottobre il 50 per cento degli abitanti era disoccupato e in ogni caso l'80 per cento dipendeva dagli aiuti umanitari internazionali.[20]

I proprietari delle fabbriche di Nitzanei Shalom sono furbi, scaricano sui palestinesi costi sociali che non sarebbe permesso scaricare sugli israeliani, ma senza di loro le alternative per i palestinesi sono lavorare per l'ANP e venire pagati una volta sì e un'altra forse, oppure fare lavoretti e fare la fame, oppure rimanere disoccupati e fare la fame. Gli operai di Tulkarem che rischiano il cancro per andare a produrre materie plastiche nel complesso «germogli di pace» dicono che non sono loro quelli messi peggio. Ma questa situazione fa sì che l'embrione di Stato palestinese uscito da Oslo sia destinato a rimanere un embrione: senza soldi, senza carte in mano e dipendente da Israele, l'ANP è diventata una grande burocrazia senza politica col compito di provare a gestire i palestinesi assieme al «nemico»,[21] ed è da qui che nasce la sua crisi di legittimità. La prospettiva di uno Stato solo per due popoli può sembrare fantascienza, ma dal punto di vista economico uno Stato solo c'è già: è Israele.

Palestina senza testa

I ventenni con il fucile in mano e le fascette con i versetti del Corano sulla fronte che ho incontrato a Tulkarem, compreso Ahmed che studiava Giurisprudenza ma poi ha «cambiato mestiere», oggi sono morti. Sono stati uccisi dalle forze di sicurezza dell'Autorità nazionale palestinese, l'embrione di Stato gestito da Fatah, e non da Israele.

L'ANP dovrebbe fare molte cose. Dovrebbe essere l'autorità politica in Cisgiordania e a Gaza, secondo gli accordi di Oslo. Dovrebbe incassare le tasse. Dovrebbe gestire il welfare tramite i suoi apparati e le sue strutture. Dovrebbe mantenere la sicurezza con la sua polizia. Dovrebbe fare i lavori pubblici. Nella pratica non è così: la riscossione delle tasse e la sicurezza sono in subappalto, ma uno Stato che non riscuote le tasse e non dispone del monopolio dell'uso legittimo della forza non è uno Stato, e infatti.

Dal punto di vista di Israele, la logica è che l'ANP deve essere abbastanza forte da poter tenere a bada le altre fazioni palestinesi molto meno propense al compromesso e per fare questo ha bisogno di disporre di una parvenza di potere statale. In sostanza: di uomini armati, meglio armati dei miliziani sciolti. Ma allo stesso tempo deve essere sufficientemente debole da appoggiarsi a Israele per la sua sopravvivenza, così da recitare la parte prevista dal copione – quella del «poliziotto buono» mentre Israele fa il poliziotto cattivo. Dentro a questa logica il ritiro israeliano dai territori occupati sembra impossibile, perché a chi lo pretende Israele può rispondere: non volete davvero che ce ne andiamo, perché se ce ne andiamo l'Autorità nazionale palestinese collassa in cinque minuti. C'è anche il controfattuale: guardate cosa è successo a Gaza, l'altro posto controllato dall'ANP, quando ce ne siamo andati nel 2005. Un anno dopo ci sono state le elezioni che ha vinto Hamas, due anni dopo c'è stata una guerra civile che ha vinto Hamas, che poi ha espulso i suoi avversari politici e ha instaurato un regime, che ha trasformato la Striscia di Gaza in una base per colpire Israele con i razzi. E che alla fine ha organizzato ed eseguito il 7 ottobre.

Non era questo il risultato che si immaginava Fatah quando firmò gli accordi di Oslo nel 1993. Quegli accordi, che crearono l'Autorità nazionale palestinese dandole una certa autonomia in alcune parti della Cisgiordania, non dovevano essere un traguardo ma il primo passo verso la creazione di una piena sovranità. Il problema è che poi di passi non ne sono stati fatti altri. Il processo della Palestina per diventare uno Stato è congelato a quel punto da trent'anni, con la divisione della Cisgiordania in aree dove i palestinesi gestiscono le questioni civili e di sicurezza, aree in cui si autogovernano ma la sicurezza la gestisce Israele, aree in mano a Israele. In tutte queste zone, comunque, Israele conduce i suoi raid ogni volta che lo ritiene opportuno, coordinandosi con l'ANP. In cambio, l'Organizzazione per la liberazione della Palestina, la coalizione dei gruppi politici e militari guidata da Fatah, ha rinunciato ufficialmente alla lotta armata e ha riconosciuto Israele entro i confini del 1948.

Il risultato di questo processo inceppato è che a tanti palestinesi di oggi quell'accordo sembra una fregatura. Secondo un sondaggio fatto dal quotidiano «Maan» poco prima del 7 ottobre, la grande maggioranza degli abitanti della Cisgiordania pensa che i patti di Oslo siano stati un errore, che abbiano danneggiato i loro interessi, che Fatah dovrebbe abbandonarli, lasciar perdere questa finzione dell'Autorità nazionale palestinese e tornare alla guerriglia.[22] Il fatto è che ormai Fatah *è* l'ANP e l'ANP oggi non potrebbe sopravvivere fuori dal suo ruolo di «poliziotto buono» di Israele.

Alla fine gli accordi di Oslo, che nell'intenzione originale istituivano l'Autorità nazionale palestinese per porre fine all'occupazione, sono diventati uno strumento che ha semplicemente cambiato forma all'occupazione e che, secondo tanti palestinesi, ha contribuito a prolungarla.

Va da sé che Fatah e l'ANP abbiano molti critici. Uno dei più importanti era Nizar Banat, un carpentiere di 40 anni con gli occhi verdi, un ex membro di Fatah che aveva lasciato il partito ed era diventato un attivista per i diritti umani e contro la corruzione. Aveva cominciato a girare video in cui criticava l'Autorità nazionale palestinese, sempre più marcia e sempre più autoritaria, in cui se la prendeva sia con Mahmud Abbas detto Abu Mazen, il leader, sia con Mohammed Dahlan, il suo principale avversario dentro

Fatah, sostenuto dai servizi di sicurezza. Postava i filmati sulla sua pagina Facebook, dove in poco tempo era arrivato ad avere più di 100 mila seguaci.

Nel 2021 Banat aveva chiesto aiuto all'Unione europea e aveva chiesto a Bruxelles di tagliare i fondi all'ANP per punirla. Quell'anno si dovevano tenere le prime elezioni palestinesi in quindici anni a cui Banat voleva partecipare con la sua lista «Libertà e dignità». Ma, a maggio, un gruppo di uomini armati a bordo di motociclette era andato a casa sua a Hebron e aveva cominciato a mitragliare la facciata. Banat era scappato da suo cugino nella zona H2, la parte di città controllata dall'esercito israeliano da dove è cominciato questo libro: pensava che lì sarebbe stato al sicuro. Invece il mese dopo l'Autorità nazionale palestinese si era coordinata con Israele per andare a prenderlo. Banat era stato picchiato, era stato trascinato fuori di casa a forza ed era stato caricato su un'auto. Venti minuti dopo, l'auto era arrivata all'ospedale di Hebron: a bordo c'era il suo cadavere.

L'Autorità nazionale palestinese ha detto che la morte è avvenuta per cause naturali. Ma un'autopsia commissionata dalla famiglia dice che Banat è stato colpito più di quaranta volte con una spranga di ferro.[23] Fatah e l'ANP hanno molti critici, però quelli che si espongono troppo rischiano di fare la fine di Nizar Banat.

Dopo la sua morte, a Ramallah, a Hebron e a Betlemme ci sono state grandi manifestazioni di protesta, che le forze di sicurezza dell'Autorità nazionale palestinese, aiutate dai militanti del partito Fatah in borghese, hanno soppresso a colpi di manganelli.[24] Sia l'omicidio di Banat sia la repressione violenta delle proteste dopo la sua morte avevano mandato un messaggio chiaro: chi si mette contro Mahmud Abbas, contro Fatah o contro l'ANP non vivrà una vita tranquilla. Perché, era il messaggio: Abbas è Fatah, Fatah è l'ANP e l'ANP è la Palestina. Nel frattempo, le elezioni che si sarebbero dovute tenere nel 2021 sono state rinviate a data da destinarsi, perché le istituzioni che avrebbero dovuto indirle sanno che i palestinesi non sarebbero stati d'accordo con la catena di equivalenze che va da Abbas alla Palestina. Sanno che Fatah nei seggi perderebbe.

Il mio amico di Betlemme che ha studiato in Italia e che in questo disastro conserva ancora l'ironia, la mette così: «Ci vorrebbe un Nanni Moretti palestinese che si alzasse in piedi e dicesse: "Con questi leader non andremo da nessuna parte"».

L'altro nemico dell'ANP, oltre alla popolazione della Cisgiordania che scende in piazza cantando «il popolo vuole la caduta del presidente» – una versione dello slogan delle Primavere arabe «il popolo vuole la caduta del regime» personalizzata per Mahmud Abbas –,[25] sono i gruppi armati e Hamas. Tutti i sondaggi condotti in Cisgiordania dopo il 7 ottobre hanno mostrato la stessa tendenza: una crescita della simpatia per Hamas.[26] Gli attacchi e i massacri sono stati un punto di svolta non soltanto per Israele, ma anche per la Cisgiordania: la frustrazione per lo status quo che covava, a cui l'Autorità nazionale palestinese impediva con la forza di venire alla luce, si sta trasformando in un guadagno politico per il gruppo islamista.

Le nuove generazioni sostengono Hamas come mai prima, ha spiegato Raed Debiy, il leader giovanile di Fatah deluso dal suo partito, perché negli ultimi trent'anni, dopo Oslo, non hanno avuto davanti ai loro occhi né modelli né idoli ma soltanto burocrati, mentre oggi vedono emergere qualcosa di diverso. I ragazzini di 11 anni, dice, non rispettano Mahmud Abbas ma impazziscono per Abu Obeida – il portavoce mascherato delle brigate al Qassam, l'ala militare di Hamas. Gli adolescenti palestinesi della Cisgiordania che prima sognavano di studiare o comprarsi una casa, pensano sempre più spesso ai fucili,[27] come ci ha pensato il figlio di Firas. Non vedono un solo nemico, ma due: Israele e l'ANP. E considerano Hamas un protettore. È l'opposto di quello che è successo nella Striscia di Gaza dal 7 ottobre: dove il gruppo islamista, vissuto invece che immaginato e idealizzato, la popolarità l'ha persa.

Nella Striscia Hamas è un potere incancrenito come Fatah in Cisgiordania. Dal 2006 anche a Gaza la popolazione non ha più avuto voce in capitolo sulle scelte di cui poi ha subìto le conseguenze: il lancio di razzi, che chiama i bombardamenti israeliani per reazione; i raid e i rapimenti di soldati sul confine, che provocano le invasioni dell'esercito. L'ultima di queste scelte è stata quella del 7 ottobre, che ha dato il via alla peggiore reazione che la popolazione di Gaza abbia mai dovuto subire. I bombardamenti a tappeto, anche contro gli ospedali, anche contro le università, anche con cinque tonnellate di esplosivo contro una tendopoli che l'esercito israeliano aveva classificato come «area sicura». La fame, le stragi di medici e di soccorritori della Mezzaluna rossa, le stragi di operatori umanitari internazionali come quelli di World Central Kitchen, le distese di piccoli sudari bianchi in fila sopra le macerie con dentro decine, e poi centinaia, e poi migliaia di cadaveri di bambini.

La maggioranza di chi è sopravvissuto e ha perso tutto, di Hamas non ne vuole più sapere nulla. Questi gazawi danno la colpa dei massacri e della distruzione a Israele, ma accusano Hamas di aver fatto una scommessa spaventosa sulla loro pelle. Un anno dopo gli attacchi del 7 ottobre, nei sondaggi, la percentuale di abitanti di Gaza che vuole un governo di Fatah è più alta di quella che vuole Hamas al potere.[28] All'opposto che in Cisgiordania. La sintesi è che la maggioranza dei palestinesi odia chi la governa ovunque si trovi in quello che resta della Palestina.

Il paradosso è che chi ha vissuto il governo di Hamas ora vuole Fatah. E chi ha vissuto il governo di Fatah ora vuole Hamas. È come se Fatah e Hamas fossero complementari:

uno fa il gruppo armato e fa gli attentati, esalta i giovani frustrati con i suoi razzi e con il suo portavoce mascherato che sembra uscito da un videogioco; l'altro fa il gruppo politico riflessivo che, quando i razzi e gli attentati provocano la reazione israeliana, può dire: visto? Noi ve l'avevamo detto che con la violenza finiva così, che la nostra strada – la collaborazione – era l'unica percorribile per non farci troppo male.

Quindi se sei un ventenne maschio palestinese e vivi in Cisgiordania passi la vita a nasconderti dai raid israeliani, perché se ti prendono, anche se non c'entri niente, rischi di finire ammazzato oppure arrestato o, se ti va bene, abbandonato mezzo nudo a chilometri di distanza da casa tua, con la polizia dell'Autorità nazionale palestinese, che in teoria dovrebbe essere responsabile della sicurezza nella tua città, che quando arrivano gli israeliani si nasconde e li lascia passare.[29] Se provi a lamentarti di questo stato di cose usando le parole e la politica, rischi di finire male come Nizar Banat. Se prendi in mano tu le armi, come il figlio di Firas, l'ANP e Israele fanno a gara a chi ti ammazza per primo.

Poco dopo il 7 ottobre, Mahmud Abbas ha criticato Hamas in una dichiarazione ufficiale e ha detto che non rappresenta il popolo palestinese. Ma nemmeno Mahmud Abbas, che ha quasi 90 anni ed è al potere da venti senza elezioni, rappresenta il popolo. La domanda che resta è: chi li rappresenta, i palestinesi?

La guerra civile sospirata da una cella

Mi sposto in macchina con un guidatore palestinese che conosce la mappa intricata e sempre in aggiornamento di posti di blocco, strade aperte, strade chiuse, code e imprevisti che tocca navigare quando ci si muove in Cisgiordania. È un'ottima cosa, perché a volte per fare trenta chilometri in linea d'aria ci vuole una mattinata di viaggio. Il tempo sotto occupazione si misura in un modo diverso. Il guidatore ha anche un fiuto infallibile per le stazioni di servizio con il carburante al prezzo più basso e per i fruttivendoli con la frutta migliore, che poi alla sera porta ai figli. Ascolta la radio militare israeliana, nella versione trasmessa in arabo. Prima del 7 ottobre lasciava cadere nei discorsi che aveva amici israeliani come se avesse bisogno di rassicurare gli interlocutori occidentali: guardate che sono un tipo tranquillo. Adesso segue le notizie con la faccia cupa. Anche lui, come un numero infinito di altre persone qui, è rimasto incastrato in una situazione più grande di tutti, fatta di enormità, dove conta chi si posiziona alle ali estreme e non chi sta nel mezzo, anche se chi sta nel mezzo sono milioni. Una maggioranza che più che silenziosa è ammutolita dal dolore. E cerca di barcamenarsi da un anno all'altro, da un posto di blocco all'altro.

I ragazzi che fanno parte dei gruppi armati in Cisgiordania, come il figlio di Firas, sono naïf, perché pensano di poter sconfiggere militarmente lo Stato di Israele. Ma anche Firas, convinto che la diplomazia possa risolvere il problema dell'occupazione, si fa portavoce di una linea che ha già fallito. Entrambi non hanno torto quando criticano la strategia degli altri, ma non riescono a vedere la debolezza della propria. A dirmelo è Imad Abu Awad, quando arrivo nel suo piccolo ufficio al secondo piano di una palazzina di Ramallah. Abu Awad è un giornalista e un analista che lavora per al Jazeera, il canale qatariota che è il più seguito in tutto il mondo arabo. O meglio, lavorava, perché alla fine di settembre del 2024 i soldati israeliani sono entrati nella redazione di al Jazeera a Ramallah[30] per chiuderla.

Imad è laureato in Scienze politiche e sta studiando per prendere un dottorato in Filosofia. È un esperto di mondo ebraico, si è specializzato all'università ebraica di Gerusalemme, dice con tono sarcastico che parla l'ebraico meglio dell'arabo, e il suo ruolo dentro al Jazeera era proprio raccontare al pubblico arabo che cosa succede in Israele, cosa dice e cosa fa Benjamin Netanyahu, come i media coprono gli eventi. Non ha potuto farlo per tanto, però: il 19 ottobre 2023, un paio di settimane dopo i massacri di Hamas nel sud di Israele, un gruppo di soldati si è presentato a casa sua mentre era collegato in diretta con gli studi di al Jazeera in Qatar. Hanno bussato, sono entrati e molto educatamente un militare ha detto che gli dispiaceva ma erano costretti ad arrestarlo. Erano imbarazzati, mi racconta Imad, che ha ancora la faccia scavata, un'eredità della galera da dove è appena uscito. Erano imbarazzati perché avevano l'ordine di trattarlo come un terrorista, ma lo conoscevano e sapevano che considerarlo alla stregua di un uomo di Hamas era ridicolo.

Dieci giorni dopo l'arresto, Imad è stato messo in detenzione amministrativa nella prigione di Nafha, vicino a Beersheba, nel sud di Israele. Detenzione amministrativa significa limbo, reclusione senza accuse e senza un processo, rinnovabile di sei mesi in sei mesi potenzialmente all'infinito: è una pratica utilizzata spesso dalle autorità israeliane, giustificata con il fatto che chi vi è sottoposto sarebbe un pericolo per la sicurezza nazionale e che le informazioni usate per arrestarlo sarebbero troppo confidenziali per essere rivelate in tribunale. Nei territori occupati la detenzione amministrativa può essere ordinata direttamente dalle autorità militari locali e i criteri sono talmente evanescenti che la sola minaccia è uno strumento d'intimidazione: tutti i palestinesi hanno paura di finire in detenzione amministrativa. Ma ogni tanto anche gli israeliani finiscono in detenzione amministrativa, è successo ad alcuni attivisti, ad alcuni coloni legati alla fazione degli impuniti e, più di recente, a un collaboratore stretto del primo ministro Netanyahu – sotto indagine da parte dello Shin Bet.

Quando è toccata a lui, Imad è rimasto in prigione per

nove mesi, è entrato con le guance paffute ed è uscito con le ossa degli zigomi che sporgono di due centimetri e le occhiaie blu. In cella ha perso diciotto chili. Erano in quattordici in uno spazio pensato per ospitare sei detenuti. A pranzo veniva servita una tazzina da caffè piena di riso condito che non avrebbe sfamato un gatto. In quasi un anno non ha mai potuto vedere qualcuno della sua famiglia e ha incontrato il suo avvocato soltanto una volta. Ma di tutto questo parla con distacco, come se stesse raccontando l'esperienza di qualcun altro o un fatto storico del secolo scorso e non un trauma che ha vissuto in prima persona fino a poche settimane fa. Non so se questo tono gli venga naturale, perché è un analista, o se si sforzi di accantonare le emozioni per non compromettere l'autorevolezza quasi scientifica che conta di avere – quella di chi non vuole parlare di un sistema perché ne è vittima ma perché, dopo anni di studio, ne è esperto. Imad dice che è finito in carcere per colpa di un pezzo di Israele e ne è uscito grazie all'altro pezzo di Israele, che il paese è spaccato in due e che i palestinesi dovrebbero prestare più attenzione a questo stato di cose.

Procedendo per ragionamenti asciutti, Imad mi dice che in carcere si è fatto un'idea di un altro tipo di soluzione, diversa e «più concreta, più realistica, più attuale» rispetto a quella diplomatica di Firas e a quella violenta in cui credeva il figlio Samih. Secondo Imad, la soluzione più probabile a tanti problemi dei palestinesi arriverà da una guerra civile in Israele. Perché «quando si punteranno i fucili addosso gli uni contro gli altri avranno meno fucili da usare contro di noi» – il tono è sempre quello impassibile da analista, ma adesso è meno chiaro se stia formulando una previsione o un desiderio.

I palestinesi hanno pochi mezzi, poco spazio di manovra, all'estero hanno molti simpatizzanti ma pochi sostenitori veri, poche alleanze internazionali. Israele invece ha le risorse e un'energia devastante, che però fa male anche a se stesso – prosegue nel ragionamento. Il collasso di Israele non verrà da fuori ma da dentro, così s'immagina Imad, dalla collisione con gli alleati e soprattutto dalla collisione secondo lui inevitabile tra i due Israele, tra il paese che crede nello Stato di diritto e il paese degli estremisti. E i palestinesi forse sapranno cogliere l'occasione e usarla a proprio vantaggio.

Non è una cosa che pensa soltanto Imad, è un presagio apocalittico che coltivano anche alcuni israeliani. Un anno dopo il 7 ottobre, più o meno quando Imad è stato liberato dalla detenzione amministrativa, il quotidiano più critico dello status quo, «Haaretz», ha scritto che «la guerra ha fermato la guerra civile».[31] L'analisi è la seguente: per tutto il 2023 il paese è stato spaccato in due dalle proteste contro la riforma giudiziaria voluta da Netanyahu, che non era una semplice riforma, ma una vera ristrutturazione delle istituzioni volta a indebolire la Corte suprema con il risultato di dare più mano libera al potere esecutivo, in un paese che non ha una Costituzione e dove la Corte suprema è l'unico argine. I manifestanti chiamavano la riforma «il colpo di Stato». Per la gente in piazza significava essere a un bivio storico tra la democrazia (dentro i confini del 1948) e lo scivolamento verso un tipo di nazione un po' autocratica e un po' messianica. Entrambe le parti erano pronte a uno scontro e dopo il 7 ottobre tutta questa energia ha trovato una valvola di sfogo a Gaza. Ma prima o poi, ha scritto un'editorialista di «Haaretz», la guerra a Gaza deve finire e tutta quell'energia dovrà tornare a scatenarsi dentro Israele. A quel punto il conflitto potrebbe trasformarsi. Secondo un sondaggio dell'agosto 2024, quasi la metà degli israeliani, il 46 per cento, teme una guerra civile[32] nel proprio paese. Gli stessi intervistati indicano come figure «divisive» che hanno portato a un'esasperazione violenta dentro alla società israeliana il primo ministro Netanyahu e i leader della fazione degli impuniti Ben-Gvir e Smotrich.

Secondo Imad Abu Awad, che su questo tema sta scrivendo un libro, Israele non è un paese solo, ma due paesi in uno. C'è Israele, e poi c'è un altro Israele più piccolo al suo interno che è intenzionato a espellere e sostituire il primo. Il primo è l'Israele a cui appartengono Daniel Seidemann e Gershon Baskin, ma anche il capo dello Shin Bet, Ronen Bar, e i vertici delle forze di sicurezza che credono nello Stato di diritto di cui parlava Ronen Bergman, l'Israele che vede l'ascesa degli impuniti come una minaccia esistenziale. Il secondo è l'Israele dei ministri Ben-Gvir e Smotrich, dei poliziotti e dei soldati loro seguaci, che festeggiano quando, dopo i massacri a Gaza, migliaia di israeliani progressisti con la doppia cittadinanza lasciano il paese perché si sentono a disagio. «Non vogliono liberarsi soltanto di noi palestinesi, ma anche di tutti quegli israeliani che non accetterebbero mai il loro progetto e mettono i bastoni tra le ruote del loro sogno» mi dice Imad. Il loro Israele è quello sognato da Meir Kahane. Vuole prendersi le istituzioni per poi prendersi tutto «dal fiume al mare». Non è una divisione tra destra e sinistra, è una divisione tra chi crede nelle regole e i fanatici, tra pragmatici e messianici, tra apparati che mettono al primo posto la sicurezza e apparati che mettono al primo posto la supremazia. Il primo Israele è ai vertici dell'intelligence, il secondo controlla la polizia e ha dalla sua parte i coloni con i fucili. Entrambi i fronti sono armati, nota Imad.

La stessa liberazione di Imad Abu Awad è stata un esempio dello scontro tra i due Israele. Il solo modo per opporsi alla detenzione amministrativa è fare ricorso a un tribunale militare o alla Corte suprema – Imad ha usato l'unico incontro che gli è stato concesso con il suo avvocato per chiedergli di fare esattamente questo. La Corte suprema ha chiesto allo Shin Bet, il servizio d'intelligence interno, se Imad e tanti altri fossero giustamente sospettati di avere legami con Hamas e se fossero pericolosi. Lo Shin Bet del direttore Ronen Bar ha risposto di no, e ha detto: liberateli subito. Imad è uscito assieme a una cinquantina di altri prigionieri palestinesi, tra cui Mohammed Abu Salmiya, il medico direttore dell'ospedale al Shifa, il più grande di Gaza, oggi distrutto dall'artiglieria israeliana.

Con il suo cranio lucido e la faccia sempre mogia, Bar è un uomo dei servizi segreti, non è un pacifista, non è un prete o un umanitario. Però non è un kahanista e chiama «terroristi» gli estremisti che sparano ai palestinesi in Cisgiordania e appiccano il fuoco alle loro case mentre dormono.

Dopo le liberazioni, Bar ha fatto di più. Ha spedito una lettera al primo ministro Netanyahu e al ministro della Sicurezza nazionale Ben-Gvir in cui dice una cosa pesante e precisa: i 21 mila palestinesi nelle carceri israeliane sono tenuti in condizioni così brutali che se il primo ministro e il ministro non avessero preso provvedimenti subito si sarebbero trovati con nuove accuse da parte della Corte penale internazionale dell'Aia.[33] La lettera era un modo con cui l'Israele dello Stato di diritto cercava di combattere l'altro Israele. E difatti Ben-Gvir si è arrabbiato, ha protestato, ha minacciato Bar e ha detto che se proprio si dava pensiero del sovraffollamento delle carceri israeliane, allora la soluzione per svuotarle era istituire la pena di morte.

È sui prigionieri palestinesi come Imad che si è visto per ora lo scontro più esplicito tra i due Israele dopo il 7 ottobre. È successo con il caso della base militare convertita in carcere speciale di Sde Teiman: nove soldati sono stati formalmente accusati di avere stuprato un detenuto palestinese. La polizia militare è andata ad arrestarli e i loro commilitoni hanno scatenato una rivolta per impedirlo, hanno disobbedito agli ordini, hanno cominciato a picchiare i loro colleghi che volevano far rispettare la legge. Erano aiutati da civili estremisti, compreso il ministro del Patrimonio culturale, accorsi in armi alla base. Militari del primo Israele da una parte, militari e civili armati del secondo Israele dall'altra. Un episodio che Imad ha letto come una premonizione della guerra civile che sogna.

Imad fa parte della maggioranza più che silenziosa ammutolita dal dolore. Imad, come la maggioranza dei palestinesi, non crede sul serio di poter sconfiggere Israele a pietre e fucilate. Come la maggioranza dei palestinesi, non crede più alla diplomazia. Come la maggioranza dei palestinesi, non si fida dei leader del suo popolo. Ed è sullo scontro tra gli israeliani della tipologia di Ronen Bar[34] e quelli della tipologia di Itamar Ben-Gvir che punta un palestinese senza carte in mano come lui. Tifa l'implosione dall'interno di un nemico troppo forte, perché non sa più in che altro sperare.

Il collasso dell'Asse iraniano

Debole dentro, debole fuori

«Devi sapere che la roba con cui ingozzano la gente, quella che il regime ci passa attraverso i media, è pura depressione» mi dice il ventiquattrenne con l'orecchino che chiameremo Abbas per proteggerlo, con le braccia appoggiate a un tavolo di uno dei locali in stile industriale che piacciono alla generazione Z di Teheran. «Non c'è mai una commedia. Non c'è nessun documentario vero a parte quelli sugli animali selvaggi. Non puoi guardare un film per com'è, li doppiano, stravolgono il significato e tagliano le scene che non piacciono ai censori. Alla fine la trama non ha senso. Non ti permettono un contatto anche minimo con il mondo esterno. Lo stesso vale per le feste. Non sia mai che sperimenti qualche istante di libertà, che poi va a finire che qualche istante non ti sazia.» I regimi sono noiosi prima ancora di essere brutali, è il ragionamento che fa Abbas, e la sua comitiva, che ci ha raggiunti per la cena, annuisce.

Ma sono anche brutali: il cugino di Abbas è stato impiccato due settimane prima di questa conversazione. «L'odio è al potere. Mio cugino è soltanto uno di quelli che hanno pagato il prezzo più alto per questo stato di cose.» Era un dissidente, è stato giustiziato per un'accusa fabbricata e assurda: aver avvelenato alcune persone con il vino fatto in casa. «Lo hanno torturato fino al punto che avrebbe confessato qualsiasi cosa. Non bisogna mai e poi mai confessare in questo paese, è la regola che ci ripetiamo ogni sera», forse con l'illusione che sia sufficiente a proteggerli. Quella con Abbas è stata l'ultima conversazione che ho fatto a Teheran prima del mio arresto.

Anche Abbas, come lo era il cugino, è nel giro di chi organizza le feste clandestine, quelle in casa oppure i piccoli rave in mezzo al deserto con ottanta partecipanti al massimo per non dare troppo nell'occhio, che sono tanti, che sono celebri, ma che naturalmente per la Repubblica islamica sono illegali. «Il primo incontro con la musica mi ha sconvolto. Ero un bambino, la canzone era la sigla di un cartone animato doppiato, e storpiato, in persiano; ma la colonna sonora l'avevano lasciata in originale ed era in inglese.» Dal linguaggio dei cartoni animati che guardavano da piccoli, dalla musica sia locale sia straniera che ascoltano oggi, gli iraniani coetanei di Abbas hanno sviluppato «un linguaggio in codice», dice, «per parlare di ciò che ci interessa senza lasciare prove sui nostri telefonini che la magistratura islamica considererebbe incriminanti. Siamo come le sottoculture di una volta, come i gay negli anni Cinquanta in America, che avevano la loro lingua, il loro slang, i loro punti di ritrovo e i loro segni di riconoscimento – soltanto che in Iran il prezzo da pagare per muoversi fuori dalle regole è più alto. Ma ne vale la pena. La vita qui è già troppo dolorosa per arrenderti anche alla depressione calata dall'alto. Meglio prenderti il rischio di organizzare un concerto».

I giovani delle città sono un punto di vista onesto per raccontare l'Iran: la maggioranza dei 90 milioni di persone che abitano questo paese ha meno di 35 anni e il 70 per cento della popolazione vive nelle aree urbane. «È per questo che abbiamo provato a ribaltare la situazione a nostro favore nel 2022» continua Abbas. Si riferisce alle grandi manifestazioni in tutto il paese cominciate con il funerale di Mahsa Jina Amini, morta a 22 anni mentre era in custodia della polizia religiosa che l'aveva fermata nella metropolitana della capitale per il velo messo male. «Non c'era una regia dietro a quei cortei, ci è bastato guardarci in faccia nei parchi, sugli autobus, nei corridoi dei grandi magazzini e renderci conto di quanti eravamo.» Nonostante la Repubblica islamica controlli l'economia del paese e abbia il monopolio delle armi, se contando le facce che ti somigliano per le strade vedi che sono più numerose dei veli neri e dei turbanti, la voglia almeno di provarci ti viene – è il ragionamento di Abbas.

Dall'ultima volta che ero stata a Teheran sono cambiate tre cose. La prima, centinaia di migliaia di donne non indossano più il velo e non si preoccupano se una telecamera intelligente di fabbricazione cinese piazzata in cima a un semaforo scannerizza il loro volto e invia una segnalazione alla polizia: sono troppe perché il regime possa sperare di arrestarle tutte e, insieme, hanno stabilito una nuova normalità. La seconda, per la prima volta in vent'anni al governo c'è un presidente dello schieramento politico che si definisce riformista. La terza, per la prima volta nella storia Teheran è stata bombardata dai jet israeliani. È successo, non a caso, dopo che ha perso l'Asse delle milizie che tenevano sotto tiro Israele e funzionavano come un'assicurazione per la Repubblica islamica: lo Stato ebraico non oserà colpire direttamente il territorio dell'Iran, perché altrimenti noi scateneremmo contro Tel Aviv le migliaia di missili potenti e precisi che abbiamo fatto arrivare a Hezbollah in Libano attraverso la Siria di Assad – erano questi i termini impliciti dell'assicurazione. Ma oggi Hezbollah è bloccato da ferite tremende e Bashar al Assad è scappato a Mosca.

Abbas e i suoi amici provano un misto di paura ed eccitazione di fronte alla debolezza senza precedenti della

Repubblica islamica che li governa. Paura per le bombe americane e israeliane, eccitazione per l'ipotesi che collassi tutto quello che detestano.

Diba si nota tra le facce della comitiva di Abbas per i suoi capelli cortissimi tinti rosso fuoco. Ha 21 anni, studia Economia e fa la barista. Per spiegare come sono cambiate le cose in questo paese e come lei vuole che cambino ancora cita una formula usata da Lana del Rey in una canzone: «La speranza è un oggetto pericoloso da maneggiare per una donna come me». Un'altra strofa della stessa canzone in cui si riconosce fa così: «Non chiedermi se sono felice, sai che non lo sono. Ma quello che ti posso dire è che almeno non sono più triste». Diba se n'è andata di casa a 19 anni nel 2022, l'anno della protesta che ha dato coraggio a lei e a tante altre. Se n'è andata di casa senza sposarsi e suo padre non l'ha presa bene. Va alle feste, vive da sola in un dormitorio, fuma le sigarette, si mette il velo per lavorare ma quando non lavora se lo toglie. Non ha alle spalle una famiglia che la aiuta e andare avanti senza fare compromessi è faticoso: l'inflazione in Iran è al 34,5 per cento, il costo dell'affitto che Diba deve pagare aumenta ogni mese. Alla fine del pasto al ristorante, fa una battuta che in Iran ormai arriva sempre, puntuale, assieme al conto: chiede al cameriere quant'è, il cameriere risponde, tempo pochi minuti che torna con lo scontrino e il pos nelle mani e gli chiede di nuovo: «E adesso, invece, di quanto è aumentato il conto?».

Per una ventunenne che fa un lavoro da precaria la crisi economica, oltre alla polizia morale, è un ostacolo alla propria indipendenza. Tutti i rimedi all'inflazione che adottano quelli più adulti e più ricchi di lei non sono contemplabili, per esempio investire in gioielli d'oro, avere una casa di proprietà o comprarsi i pezzi di un'auto europea e assemblarli. Sono questi gli espedienti per evitare di diventare improvvisamente poveri, per chi se li può permettere. Perché l'oro, una BMW o un appartamento non perdono valore, invece il denaro in contanti o sul conto in banca di Diba con l'inflazione evapora. L'unica soluzione che le è venuta in mente per non esser costretta a tornare a casa da papà oppure a sposarsi senza averne voglia è lavorare sempre di più per guadagnare sempre uguale. In questo periodo la sua media è quattordici ore di lavoro al giorno.

Da iraniana, Diba ha un problema finanziario in più. Deve mettere da parte e tenere sempre a portata di mano i soldi per pagare le multe contro chi non indossa o indossa male l'hijab, perché se non paghi ti portano in caserma. Quando le telecamere intelligenti cinesi disseminate per la città ti fotografano poco coperta, cercano il tuo volto tra i documenti registrati all'anagrafe usando l'intelligenza artificiale. A quel punto ti arriva una notifica sul cellulare, un avvertimento. Ne esistono di vari colori: cartellino giallo, arancione, rosso – in una scala come quella che va dall'ammonizione alla squalifica ma che qui va dall'ammonizione alla galera. Per non finire in carcere devi pagare, per questo ti servono sempre un po' di contanti pronti. La legge vieta i capelli al vento e qualsiasi parte di corpo scoperta sotto il collo, sopra l'avambraccio e sopra le caviglie, sia nello spazio reale sia in quello virtuale, online. Le punizioni sono già severe, ma una nuova legge vorrebbe inasprirle e, se entrasse in vigore, nel pratico per Diba significherebbe dover tenere sempre da parte 500 milioni (2400 dollari), che non ha, per non finire in cella.

La legge più punitiva era stata proposta dal vecchio governo dell'ex presidente molto conservatore che si è schiantato in elicottero, Ebrahim Raisi. L'ha approvata il Parlamento che è ancora dominato dai conservatori (perché in Iran le elezioni legislative e quelle presidenziali si tengono in momenti separati). Al successore di Raisi, il presidente riformista Masoud Pezeshkian – che ha fatto campagna elettorale dicendo che la Repubblica islamica non può obbligare le donne a fare quello che non vogliono fare e ha vinto –, questa legge non piace. Nell'estate del 2024, quando si era appena insediato come capo del governo, Pezeshkian aveva commentato le regole più crudeli sull'hijab e la castità dicendo: «Non abbiamo l'autorità per dire alle nostre figlie come devono coprire i loro corpi».[1] Ma a dicembre del 2024 la Corte costituzionale del regime islamico, il Consiglio dei guardiani, aveva dato il via libera finale alle nuove punizioni. A quel punto Pezeshkian aveva l'obbligo di firmare la legge entro due settimane, altrimenti alla scadenza della seconda settimana sarebbe entrata in vigore comunque.

Per l'eterogenesi dei fini, al presidente iraniano preoccupato dall'ipotesi di una nuova grande protesta contro le pene più violente per le ragazze poco coperte è venuto in soccorso il nemico. Benjamin Netanyahu ha pubblicato in rete un video in cui si rivolge direttamente ai cittadini iraniani, dice che il regime cadrà prima di quanto molti pensino e ripete lo slogan «*Jin, Jiyan, Azadi*»: Donna, vita, libertà.

C'è un caso in cui il presidente dell'Iran si può rifiutare di ratificare una legge già approvata dal Parlamento: «Gravi rischi per la sicurezza nazionale». Quando Netanyahu ha citato il movimento Donna, vita, libertà e ha evocato la caduta della Repubblica islamica, Pezeshkian ha potuto fare questo ragionamento: il nemico ha attaccato la capitale per la prima volta nella storia il 26 ottobre 2024 e ha distrutto le difese aeree attorno a Teheran per lasciarci più vulnerabili, alcuni nostri alleati in Medio Oriente hanno già fatto una brutta fine, ora il nemico si rivolge direttamente al nostro popolo e incita la rivolta; non ci possiamo permettere, adesso, «divisioni nella società»; non ci possiamo permettere, adesso, un'altra ondata di proteste contro il velo. Il Consiglio di sicurezza nazionale gli ha dato ragione, la nuova legge più punitiva è stata sospesa. Ma il ragionamento del presidente è l'ammissione di una duplice debolezza – quella dentro i confini e quella verso i nemici esterni –, che Abbas, Diba e tutti quelli come loro hanno colto.

Oggi il regime si trova nel paradosso di dover reprimere anche le proteste a favore del velo. La polizia della capitale disperde, arresta e deporta fuori dai confini della città i gruppi di signore avvolte nei lunghi chador neri arrivati con i pullman dalla provincia per chiedere al governo di non avere paura, di applicare la legge e costringere le centinaia di migliaia di ragazze con i capelli al vento a tornare a coprirsi o a pagarne le conseguenze.[2] Anche quelle proteste vanno cancellate, perché fanno pubblicità alla debolezza. Perché ricordano agli iraniani: le ribelli sono troppe per fronteggiarle tutte. Non possiamo applicare la legge perché un pezzo grande della popolazione ci odia e sarebbe pronto a scatenarsi di nuovo contro di noi. Non ce lo possiamo permettere proprio adesso perché i nemici fuori sono più forti di noi e i nostri alleati che dovevano farci da scudo sono già andati in pezzi.

La Disneyland dell'Asse

Soltanto pochi anni fa, sarebbe stato impossibile immaginare questa debolezza. È da quel momento che dobbiamo partire per raccontare la storia di un collasso: da quando Teheran e la rete di milizie sue amiche che si fa chiamare «l'Asse della resistenza» erano al loro apogeo. Dalla grande parata per festeggiare i quarant'anni della Rivoluzione islamica nella capitale dell'Iran nel 2019.

Lungo Enghelab, il viale della Rivoluzione, gli altoparlanti mandavano musica tradizionale e centinaia di migliaia di persone marciavano sventolando poster in cui la faccia della Guida suprema Ali Khamenei era affiancata a quella del fondatore della Repubblica islamica, l'ayatollah

Khomeini. Bruciavano le bandiere israeliane e quelle americane scandendo «*Marg bar Amrika*»: morte all'America. La celebrazione dell'anniversario era un'attività per tutta la famiglia: c'erano gazebo-ludoteche improvvisati per i bambini dai 2 ai 15 anni, dove ti mettevano in mano un fucile che va a pomodorini invece che a proiettili con cui sparare contro i ritratti di Benjamin Netanyahu e di Donald Trump, che all'epoca era il presidente degli Stati Uniti al suo primo mandato e litigava sui social con l'eroe iraniano del momento, il generale pasdaran Qassem Suleimani. Di Suleimani c'erano i cartonati a grandezza naturale con cui le famiglie potevano farsi le foto e c'erano i palloncini rosa con stampata sopra la sua faccia. In questa atmosfera di festa le bandiere iraniane erano accompagnate da una serie di altri vessilli, che rappresentavano le milizie alleate arrivate in visita per l'occasione, i cui membri libanesi, siriani, yemeniti, iracheni, palestinesi si coprivano il volto dietro a passamontagna neri. Le milizie erano presenti anche sotto forma di travestimenti: bambini iraniani vestiti da combattenti di Ansar Allah, gli Houthi yemeniti che si fanno chiamare «I partigiani di Dio», e da combattenti di Hamas, con le fascette verde brillante sulla fronte. Oppure bambini che indossavano i simboli della Liwa Zainebiyoun e della Liwa Fatemiyoun, le due brigate create dai pasdaran per inquadrare i mercenari e i volontari pakistani e afghani mandati a combattere in Siria. Soprattutto, c'erano tanti bambini iraniani vestiti con i colori di Hezbollah, la milizia preferita di Teheran, quella con cui ha il rapporto emotivo più autentico e più duraturo nel tempo.

Ciò che andava in scena per le strade di Teheran era una specie di carnevale, con cui il paese celebrava se stesso e il suo non essere mai stato così forte. Aveva buoni motivi per farlo, almeno a prima vista. Nonostante la retorica bellicosa del Trump di allora, le cose per l'Asse della resistenza non erano mai andate meglio. Gli Houthi yemeniti stavano respingendo sul campo un nemico assai più potente, quello saudita, e poche settimane prima, con un'operazione avventurosa, avevano lanciato uno stormo di droni contro gli impianti petroliferi della Saudi Aramco, bloccando metà della produzione petrolifera del più grande esportatore di greggio del mondo, e facendo crollare i mercati finanziari in tutto il pianeta. Sul campo di battaglia più importante per l'Asse della resistenza, la Siria, l'amico dittatore Bashar al Assad stava vincendo: aveva appena ripulito le sacche di resistenza della Ghouta, la periferia di Damasco, e di Dara'a, la città-simbolo dove la rivoluzione era cominciata. E aveva isolato i ribelli rimasti nella provincia nordoccidentale di Idlib, al confine con la Turchia, con l'idea di stremarli e poi lanciare l'offensiva finale contro di loro.

L'Asse della resistenza ha una certa predilezione per queste manifestazioni autocelebrative, per le politiche della memoria in versione vagamente kitsch. Nel museo della Difesa Sacra di Teheran, dedicato alla rivoluzione islamica, c'è una grossa statua di cera del fondatore Khomeini seduto a un balcone affacciato sul percorso della visita. Quando ci passi sotto, gli altoparlanti iniziano a diffondere un discorso del vecchio leader per darti l'impressione di essere davvero a un comizio del 1979, l'anno della rivoluzione. Al museo della propaganda allestito dentro l'ex ambasciata americana che dal '79 è chiusa, c'è il famoso murales con la Statua della libertà che però qui ha il volto macabro di un teschio, e accanto c'è una piccola fabbrica che in teoria ha il monopolio della produzione di bandiere israeliane e americane nel paese, che in Iran vengono realizzate con un obiettivo solo: bruciarle. Il museo di Ebrat, che si trova in quello che prima della rivoluzione era il quartier generale della temutissima polizia segreta della monarchia, la Savak, è pieno di diorami cruenti che raccontano ciò che avveniva fra quelle mura, con tanto di finte impronte di piedi insanguinati sul pavimento dei corridoi. Anche lì puoi incontrare una statua di cera colorata, questa volta della Guida suprema Ali Khamenei quando era giovane e quando in quelle celle era stato recluso.

È un modo di ricordare il passato che ha finito per influenzare anche gli alleati dell'Iran: sul luogo della morte del generale Suleimani, all'aeroporto di Baghdad in Iraq, oggi c'è un piedistallo con i resti contorti e bruciati dell'auto su cui viaggiava, trasformati in un monumento. Un altro monumento a Suleimani, questo eretto in Libano, consiste in un SUV con – seduto al posto di guida – un cartonato sorridente del generale e un finto missile americano sospeso appena sopra il tetto della macchina: mostra il momento esatto in cui Suleimani è diventato un martire.[3] Ma l'esempio di kitsch meglio riuscito dell'Asse della resistenza è la Disneyland di Hezbollah a Mlita.

Hezbollah ha due roccaforti in Libano: il sud e la valle della Bekaa. Il villaggio di Mlita sorge in cima a una collina al confine tra le due, e ci si arriva percorrendo una strada tutta curve che man mano che sale passa in mezzo a paesini sempre più piccoli, sempre più pieni di poster dei miliziani uccisi esposti fuori dalle porte delle case, su striscioni tesi da un edificio all'altro, sulle insegne dei negozi, tutti con lo sfondo giallo brillante. Durante la guerra del 2006 contro Israele, Mlita ospitava un'importante base militare del gruppo. Dal 2010, ospita la Disneyland di Hezbollah: un'attrazione turistica e museo interattivo costruito e gestito dal gruppo armato, dedicato a celebrare se stesso. È stato inaugurato alla presenza del linguista e attivista americano Noam Chomsky[4] e secondo chi lo gestisce attirerebbe addirittura mezzo milione di visitatori all'anno.

Oggi il cielo sopra Mlita è grigio, coperto di nuvole basse. Non è sfortuna, è sempre così: la base di Hezbollah è stata costruita qui proprio per questo, perché attorno alla collina c'è sempre nebbia e la nebbia dà una copertura ai miliziani – li protegge dagli occhi dei satelliti e dai droni che volano ad alta quota. Il museo è semplice: quattro edifici attorno a una piazza centrale, dove un percorso corre sul bordo di una voragine che è stata riempita di carri armati e mezzi militari israeliani distrutti – il bottino di Hezbollah. Quando arrivi, la prima cosa che ti fanno vedere è un videomessaggio dello storico leader Hassan Nasrallah che dà il benvenuto ai visitatori: speriamo che questo centro turistico jihadista possa essere il primo passo per preservare la storia della nostra eroica resistenza. Poi, fai un giro intorno alla voragine piena di mezzi militari: al centro c'è una pianta a forma di ragnatela e su ogni spira ci sono veicoli corazzati israeliani, tra cui un carro armato Merkava con il cannone annodato su se stesso. È un'installazione artistica, ti dicono, si chiama «l'abisso» e simboleggia la resistenza di Hezbollah contro l'invasione israeliana. Tutto a Mlita ti viene presentato come un'installazione artistica e tutto ha sempre lo stesso significato.

La dimensione museale convive con una dimensione ludica. Lo scopo di Hezbollah a Mlita sarebbe far vedere che la lotta armata contro Israele è la base della vita della società libanese, che senza la resistenza non c'è il Libano, e che la resistenza è Hezbollah. Per questo accanto ai tunnel e ai carri armati trasformati in installazioni, accanto alle sale da museo dedicate agli effetti personali dei soldati israeliani uccisi, c'è anche un gift shop dove puoi comprare la maglietta di Hezbollah, la tazza di Nasrallah, la toppa con lo slogan che inneggia all'imam Hussein venerato dai musulmani sciiti e il videogioco ambientato durante l'intervento militare di Hezbollah in Siria al fianco di Assad. C'è anche un edificio in cui puoi «giocare alla resistenza»: ti mettono in mano un fucile vero modificato per trasformarlo in un laser tag e ti mettono davanti a uno schermo su cui compare uno scenario mediorientale, dove a intervalli casuali spuntano fuori soldati israeliani a cui devi sparare. La partita dura un minuto e alla fine annunciano il tuo punteggio.

Oltre all'abisso, il pezzo forte di una visita a Mlita passa per una rete di tunnel e di bunker scavati nella collina, che erano i posti in cui si nascondevano i miliziani di Hezbollah durante la guerra. Sono collegati tra loro da trincee protette con sacchi di sabbia e filo spinato che si snodano tra gli alberi, e sempre tra gli alberi ci sono vari pezzi dell'arsenale del gruppo: munizioni, mortai, lanciarazzi, missili e mine. E manichini in tuta mimetica, decorati con bandiere gialle, impegnati in compiti come utilizzare una radio, trasportare un ferito su una barella, ricaricare un lanciarazzi, prendere la mira con un fucile. I tunnel invece sono larghi un metro, con stanze più grandi adibite a cucina, dormitorio, centro di comando e postazioni di fuoco armate con mitragliatrici fisse, tutte arredate e ben equipaggiate con elettricità, acqua corrente e sistemi di ventilazione. È un complesso sofisticato, tirato a lucido per mostrare ai visitatori le capacità dell'organizzazione, che per lungo tempo è stata considerata la più professionale e dunque, dai nemici, la più pericolosa dell'Asse della resistenza.

Percorrendo la rete di tunnel si raggiunge la cima della collina, che chiamano «la collina dei martiri» e che è completamente ricoperta di armi – dai razzi russi Katyusha ai droni iraniani – per sfoggiare quanto sia fornito l'arsenale di Hezbollah. Poco più in là, dei bambini libanesi in gita scolastica giocano a far finta di sparare con i cannoni antiaerei.

La ragnatela

Se viaggi in macchina lungo l'autostrada costiera da Beirut verso sud, ti accorgi subito quando entri nel territorio di Hezbollah: i lampioni al centro della strada, tra le due corsie, diventano aste su cui sventolano bandiere gialle rettangolari, verticali, con il logo verde del gruppo armato sciita al centro. Ai lati della strada e sui cavalcavia, cominciano ad apparire cartelloni con il volto di Hassan Nasrallah, che è stato l'iconico segretario generale del partito per trentadue anni, dal febbraio 1992 al settembre 2024, quando è stato ucciso da bombe israeliane sufficientemente potenti da radere al suolo un palazzo e penetrare per diciotto metri sottoterra fino a raggiungere il bunker in cui si era nascosto. Durante l'ultima guerra tra Israele e Hezbollah, quel confine invisibile sull'autostrada diventa anche la linea di spartizione tra il territorio non bombardato e il territorio bombardato dagli aerei dello Stato ebraico. È la zona che è meglio osservare da lontano: colonne di fumo che si alzano tra l'entroterra e la costa, il Mediterraneo sullo sfondo e in primo piano le code di auto in fuga.

Il Libano formalmente sarebbe una democrazia, ma una democrazia settaria: i vari partiti tutelano gli interessi di questa o quella comunità religiosa. I musulmani sciiti hanno Hezbollah e Amal; i cristiani maroniti hanno la Falange libanese; i drusi hanno il Partito socialista progressista. Quando vai in giro per il Libano, capisci con un'occhiata quale comunità abita il posto in cui ti trovi: basta guardare quali bandiere sono esposte alle finestre delle case. Nel sud, ci sono soltanto le bandiere gialle di Hezbollah e quelle verdi di Amal.

Hezbollah è nato in modo informale nel 1982 – durante la guerra civile libanese – dall'aggregazione di gruppi sciiti uniti per combattere contro l'invasione israeliana del sud del Libano, che aveva lo scopo di cacciare Yasser Arafat e l'Organizzazione per la liberazione della Palestina da Beirut, che all'epoca era la loro base in esilio.[5] Fin da subito gli uomini di Hezbollah sono stati addestrati dai pasdaran iraniani, i Guardiani della rivoluzione islamica del paese sciita più grande del mondo, che avevano tutto l'interesse a farsi degli amici armati in Libano, a un passo dal territorio del nemico Israele. Ci sono due eventi decisi all'estero che hanno reso possibile la nascita di Hezbollah: la prima invasione israeliana del Libano nel 1978 e la Rivoluzione islamica in Iran nel 1979. Ma a preparare il terreno per il successo del gruppo c'era un presupposto[6] tutto locale: lo status quo nel paese andava stretto agli sciiti, che erano la comunità più marginalizzata del Libano ma allo stesso tempo quella che cresceva più rapidamente, che faceva più figli.

Hezbollah è comparso sulla scena nel 1982 con una carica esplosiva devastante: ha organizzato un attentato con un'autobomba contro il quartier generale dell'esercito israeliano a Sour, la città più importante del sud, che ha ucciso 91 persone. L'anno dopo ha attaccato con un camion-bomba la base del contingente internazionale di peacekeeping in Libano, ammazzando 241 marines americani – un attentato che ha sconvolto gli Stati Uniti e li ha convinti a ritirarsi dalla missione di pace, facendola collassare.

Oltre agli attacchi in casa, l'organizzazione appena nata ha cominciato da subito a pianificare attentati all'estero, che poi negli anni sarebbero diventati una lunga sequenza: dalle bombe contro le ambasciate e l'aeroporto internazionale in Kuwait all'assassinio di tre attivisti curdi iraniani al ristorante Mykonos di Berlino, che aveva davvero poco a che fare con la resistenza libanese e più in generale con l'autodeterminazione dei popoli, ma era un buon modo per fare un favore al regime amico di Teheran.

Nel 1990, alla fine della guerra civile in Libano, Hezbollah avrebbe dovuto abbandonare le armi e trasformarsi in un partito politico vero: ha fatto la seconda cosa, non la prima. Si è dato alla guerriglia contro l'occupazione del sud del paese finché, nel 2000, gli israeliani si sono ritirati. In teoria la missione era compiuta, ma negli anni successivi Hezbollah ha continuato ad attaccare e a scontrarsi con lo

Stato ebraico lungo il confine. E nel 2006 Israele ha invaso di nuovo il Libano.

La guerra del 2006, anche se è durata appena trentaquattro giorni, ha avuto conseguenze enormi. La prima: è la guerra in cui è stata formulata per la prima volta la «dottrina Dahieh»,[7] la strategia israeliana di attaccare e distruggere le infrastrutture civili nelle aree in cui si muovono i miliziani nemici usando una «forza sproporzionata» e provocando una «distruzione immensa», anche con l'idea o l'illusione di spingere la popolazione a rivoltarsi. Questa dottrina l'ha inventata Gadi Eisenkot, l'allora capo di Stato maggiore dell'esercito israeliano, e prende il nome dalla periferia sud di Beirut: il luogo più importante per il gruppo, dove Hezbollah aveva il suo quartier generale durante la guerra del 2006 e dove sarà ammazzato il capo Nasrallah nel 2024.

La seconda conseguenza: la guerra del 2006 ha dimostrato che Hezbollah era più forte dello Stato libanese, che non ha saputo impedirgli di scatenare un nuovo conflitto nel sud del paese. Rafforzando allo stesso tempo una critica pronunciata spesso dagli israeliani: il Libano non esiste, o se esiste è ostaggio di Hezbollah.

La guerra del 2006 è stata una dimostrazione di forza notevole per il gruppo che si è dato il nome «Partito di Dio»: gli israeliani hanno invaso il Libano, ma sono stati costretti a ritirarsi quasi subito, e a costringerli a indietreggiare non è stato un esercito vero, ma una milizia indipendente dallo Stato centrale e addestrata dall'Iran. Per la seconda volta in un decennio, Hezbollah aveva potuto vendersi come «la resistenza». L'unica.

Il 26 maggio 2000, a poche ore dalla prima ritirata dell'esercito israeliano e dalla fine dell'occupazione nel sud, un giovane Hassan Nasrallah aveva tenuto un discorso nella cittadina di Bint Jbeil, a pochi chilometri dal confine con lo

Stato ebraico. Il «discorso della ragnatela», che è il più famoso di Nasrallah e in Medio Oriente ha fatto la storia. Rivolgendosi ai palestinesi, il capo del Partito di Dio aveva detto: avete visto cosa abbiamo fatto noi in Libano. Avete visto come siamo riusciti a cacciare un nemico meglio equipaggiato, tecnologicamente superiore, che occupava la nostra terra. Ecco, vi offriamo il nostro modello. Per liberarvi dovete smettere di credere alle proposte di pace di Oslo, dovete smettere di credere nel dialogo, dovete smettere di aspettare la comunità internazionale. Dovete credere soltanto in voi stessi. Potete farcela da soli – aveva aggiunto Nasrallah – perché, anche se ha la bomba atomica, anche se ha l'esercito più potente della regione, «in realtà Israele è più fragile di una ragnatela».[8]

Per questo nella Disneyland di Hezbollah a Mlita tutto è a tema ragnatela. L'abisso, quella voragine con dentro i carri armati e i blindati israeliani catturati, è sormontato da una struttura di ferro a forma di ragnatela. La stessa pianta generale del parco tematico è a forma di ragnatela. E alla fine del percorso di visita c'è un monumento al discorso più famoso di Nasrallah, con le sue parole incise nella pietra su una stele.

I temi del sermone della ragnatela sono diventati i cardini del pensiero politico del leader per tutti i decenni in cui ha guidato il Partito di Dio. Primo: l'occupazione si risolve con le armi. Secondo: la missione non è conclusa e il nostro modello è replicabile, dai palestinesi. Non si trattava di un prestito fatto soltanto per buon cuore: nel proporsi come ispirazione per la Palestina, Hezbollah pensava anche a se stesso. Essere un modello di resistenza, continuare a far sì che l'immagine del movimento fosse associata alla lotta di liberazione dei palestinesi, era un modo per posticipare in eterno il momento in cui avrebbe dovuto decidere una volta per tutte se voleva essere un gruppo armato o un partito politico. Ed era una bandiera molto popolare da sventolare per farsi scudo da tutte le critiche.

Dopo il ritiro israeliano dal sud del Libano nel 2006, la missione delle Nazioni Unite nel paese, UNIFIL, era stata rafforzata con un nuovo obiettivo: aiutare le forze armate regolari a prendere il controllo militare del sud. Almeno in teoria, uno degli obiettivi di UNIFIL era il disarmo di Hezbollah, per restituire il monopolio dell'uso legittimo della forza al governo di Beirut, come in un paese normale. Per evitarlo, il Partito di Dio doveva dimostrare che c'era ancora bisogno di lui, dell'unica forza militare capace di respingere gli israeliani: aveva bisogno di una resistenza perpetua anche dopo la fine dell'occupazione. Era vitale per continuare a tenere il coltello dalla parte del manico nella politica interna. Era la fonte della legittimità di Hezbollah, il motivo per cui il movimento poteva avere un ruolo speciale e non sottostare alle regole del suo paese.

Il punto cruciale nel discorso della ragnatela è l'idea di fare da soli. La fiducia in se stessi nonostante tutto è l'ingrediente fisso della mistica e della propaganda di Nasrallah. È l'idea che la vittoria non sia predeterminata dalle condizioni materiali, ma che la vera resistenza sia in grado di superare l'ostacolo della propria debolezza e ottenere più di quello che dovrebbe ottenere sulla carta. È il principio della resistenza in genere: non è vero, insegna la Storia, che vince sempre il più forte. È una retorica che ricorda quella dei movimenti indipendentisti e di liberazione nazionale dell'epoca della decolonizzazione, che nel pensiero di Nasrallah però si salda con la teologia sciita e con il jihad. Sono convinzioni che sono maturate nella testa del leader partendo dalla sua esperienza personale: cresce in mezzo alla violenza settaria della guerra civile libanese e a 15 anni per un breve periodo si unisce alla milizia sciita Amal, quella con le bandiere verdi, il principale concorrente politico di

Hezbollah in Libano. Poi va a studiare in seminario a Najaf, in Iraq, dove incontra Abbas al Musawi, uno dei fondatori di Hezbollah, che lo prende sotto la sua ala e lo fa entrare nell'organizzazione. È in questo passaggio che Nasrallah capisce come il settarismo sia un diversivo. Divisi si perde. Divisi si viene messi l'uno contro l'altro dal vero nemico, che è esterno, comincia a pensare e a dire.

Nel 1982, l'anno in cui Hezbollah annuncia al mondo la propria esistenza facendo saltare in aria il quartier generale dell'esercito israeliano a Sour, Nasrallah entra nel gruppo. Dieci anni dopo, quando Israele uccide al Musawi sparando con un elicottero da guerra Apache contro il convoglio su cui viaggiava e uccidendo anche la moglie e il figlio di 5 anni, Nasrallah lo sostituisce come segretario generale del partito.

Hezbollah esiste da quarant'anni e nella sua storia ha avuto quattro segretari generali. I primi due sono durati un paio di anni al massimo prima di venire uno espulso dal partito e l'altro assassinato da Israele. Poi c'è stato Nasrallah, che è rimasto al potere per più di trent'anni. Il quarto leader è quello che l'ha rimpiazzato dopo il suo assassinio il 29 ottobre 2024, Naim Qassem. È inevitabile, già soltanto per questo, che l'immagine dell'organizzazione abbia finito per essere associata all'immagine personale di un uomo: Hezbollah è Nasrallah, Nasrallah è Hezbollah. E oggi Nasrallah è morto.

Hezbollah perde la faccia

Nel febbraio del 2023, mentre le strade israeliane erano piene per la protesta contro la riforma del sistema giudiziario voluta da Benjamin Netanyahu, Nasrallah ha citato di nuovo il «discorso della ragnatela».[9] «Israele può sembrare forte da fuori, ma in realtà è fragile» ha detto, perché manca di resilienza, non può tollerare un conflitto sanguinoso perché in realtà la sua non è una società unita. Era propaganda: tante società sono divise e proprio il Libano, quando Hezbollah combatteva gli israeliani e alla fine li aveva respinti, era uscito da poco da una vera guerra civile durata quindici anni. Ma in quel contesto, durante le proteste più grandi della storia dello Stato ebraico, mentre i manifestanti gridavano al «colpo di Stato» e chiamavano Netanyahu «Crime Minister» al posto di Prime Minister, Nasrallah faceva leva con astuzia sulla linea di faglia che attraversa Israele nel conflitto tra i democratici e gli impuniti, tra i laici e i messianici. Sugli stessi temi su cui sta scrivendo un libro, e su cui scommette, l'analista palestinese Imad Abu Awad, che aspetta la guerra civile in Israele.

C'è un altro motivo per cui Nasrallah ha tirato fuori di nuovo il discorso della ragnatela nel 2023 ed è legato a qualcosa che è successo in Libano quattro anni prima. Il 17 ottobre 2019, in un contesto di crisi finanziaria pesante, con un tasso di disoccupazione dei giovani quasi al quaranta per cento, il governo libanese guidato da Saad Hariri annuncia l'introduzione di nuove tasse e in particolare di una tassa sulle telefonate via WhatsApp – che in Libano usano tutti, perché il mercato delle telecomunicazioni è predatorio e i messaggi e le chiamate che viaggiano sulla rete telefonica costano troppo. L'annuncio è una scintilla in un prato secco. Quella sera comincia l'Hirak, un movimento di protesta che parte dalla tassa su WhatsApp e allarga le sue domande fino a chiedere un nuovo sistema politico e la fine del settarismo.

Dall'accordo di Taif del 1989, che mise fine a quindici anni di guerra civile, il sistema libanese è fatto in modo da dare a ogni gruppo religioso una rappresentanza in teoria proporzionale al suo peso sociale,[10] per cui il presidente della Repubblica e il Comandante supremo dell'esercito devono essere sempre cristiani maroniti, il primo ministro sempre un musulmano sunnita, il portavoce del Parlamento sempre un musulmano sciita. I manifestanti dell'Hirak mettono nel mirino questa distribuzione rigida delle cariche, che ha favorito decenni di corruzione, nepotismo e immobilismo. E pretendono che il Libano diventi una democrazia vera, non uno Stato in cui ci sono le elezioni ma poi i cristiani votano il partito dei cristiani, i musulmani sunniti il partito dei musulmani sunniti, gli sciiti il partito degli sciiti. Non uno Stato in cui non cambia mai nulla.

Il movimento dell'Hirak mette all'angolo Hezbollah. Da un lato il Partito di Dio deve sostenere il governo, perché ne fa parte. Dall'altro mettersi di traverso a una protesta così partecipata smonterebbe la pretesa del gruppo di incarnare la resistenza popolare nel paese. Nasrallah cerca di barcamenarsi: in un discorso in televisione dopo la prima settimana di proteste, dice che capisce i manifestanti, che hanno ragione, ma – come un leader politico qualsiasi – aggiunge che la colpa di ogni problema va addebitata al governo precedente. E che i manifestanti devono stare molto attenti perché se cade questo, di governo, il Libano rischia il caos oppure di nuovo la guerra civile. Nasrallah usa anche il suo argomento preferito un po' per tutti i contesti scomodi: il movimento di protesta si sta facendo manipolare da potenze straniere che vogliono destabilizzarci.

Ovviamente agli arrabbiati libanesi quel discorso non piace per niente, così cominciano a cantare lo slogan: «Tutti quanti vuol dire tutti quanti. E Nasrallah è uno di loro».[11] Stanno dicendo: Nasrallah non è diverso dagli altri politici corrotti. A quel punto i militanti e i miliziani di Hezbollah scendono in piazza per menare i manifestanti in tutto il Libano.

Fino a quel momento non era ancora successo che un movimento popolare se la prendesse in modo tanto esplicito con Hezbollah e con Nasrallah. Nonostante fosse una milizia-partito con una base religiosa ben precisa – i musulmani sciiti del sud e della valle della Bekaa – fino a quel giorno in tutto il paese aveva retto questa distinzione: il governo è responsabile della corruzione, dello sfacelo dell'economia, della disoccupazione; Hezbollah invece principalmente fa la guerra a Israele. Adesso però c'erano cortei a Beirut che scandivano «Terroristi, terroristi, gli Hezbollah sono terroristi!».[12]

La crisi in Libano del 2019 era finita con la caduta del governo Hariri, ma la conseguenza politica più importante era stata un'altra: Hezbollah aveva perso la faccia. Si era trovato a un bivio, da una parte la piazza e dall'altra il palazzo. E aveva scelto il palazzo.

Negli anni successivi Nasrallah ha capito di aver fatto un brutto errore. Mettersi contro le proteste dell'Hirak aveva infranto l'aura eroica che fino a quel momento lo aveva circondato agli occhi di molti, un'aura costruita in decenni di guerra contro Israele e di discorsi sfacciati e carismatici.

Dopo la guerra con lo Stato ebraico del 2006, Nasrallah era un mito per l'intero mondo arabo. Era uno che appariva in tv e diceva ai libanesi: guardate fuori dalla finestra, vedete quella nave israeliana? Adesso la colpiamo con un missile – e il missile arrivava davvero. Ma dopo le proteste del 2019, da simbolo dell'unità araba contro Israele, agli occhi della maggioranza dei libanesi Hezbollah era diventato soltanto l'ennesima milizia settaria e oppressiva.[13]

La scelta di lanciare più razzi contro Israele dopo il 7 ottobre viene da qui. Nell'invasione della Striscia di Gaza Nasrallah ha visto l'occasione per rifare quel percorso a ritroso, per rifarsi la faccia come leader della resistenza a un prezzo di favore. Il calcolo era il seguente: lanciamo un po' di missili, facciamo salire la tensione al confine, diamo problemi a Israele costringendo decine di migliaia di suoi cittadini residenti nel nord a lasciare le proprie case per paura, e così facciamo vedere che stiamo difendendo i palestinesi e che siamo ancora quelli di una volta. Ma allo stesso tempo, fermiamoci prima di provocare troppo lo Stato ebraico e di provocare una guerra aperta che non ci possiamo permettere, perché il potere che abbiamo accumulato fin qui ci piace e vogliamo tenerlo.

Per circa un anno questo calcolo si è rivelato corretto: Hezbollah ha lanciato i primi razzi l'8 ottobre 2023, Israele e Hezbollah si sono scambiati colpi da una parte all'altra del confine per un po', con tutti gli osservatori che aspettavano il momento in cui questo scambio di fuoco avrebbe portato a una guerra aperta. Per scongiurarla, in quel periodo il leader del gruppo teneva discorsi allusivi, molto più timidi di quelli di un tempo. Quando Nasrallah pronunciava una delle sue orazioni, sempre trasmesse in tv da un rifugio segreto, il suo staff faceva circolare la notizia con un giorno di anticipo. Come tutti i giornalisti, ho letto gli avvisi e ho cominciato ad aspettare ogni singola arringa di Nasrallah dopo il 7 ottobre con un senso di allerta acuito, come se stesse per succedere chissà che cosa, come se gli eventi stessero per prendere una piega storica. Dichiarerà guerra totale a Israele? Farà una proposta che nessuno aveva previsto? Invece i discorsi di Nasrallah erano interminabili esercizi di equilibrismo. Intanto passavano i mesi.

Hezbollah aveva fatto male i calcoli. Era troppo sicuro della paura che incuteva il suo arsenale missilistico foraggiato dall'Iran, era convinto che «l'equilibrio della deterrenza» – come Nasrallah chiamava questo rispondersi colpo su colpo senza mai combattersi in maniera totale – sarebbe durato. Soprattutto Nasrallah non aveva capito che, nonostante facesse una vita nascosta da ricercato, l'intelligence militare israeliana seguiva ogni suo passo da tempo: non lo aveva ancora ucciso perché non aveva ancora deciso di farlo, non perché non sapesse come farlo. «L'equilibrio della deterrenza» infatti è durato soltanto finché Israele non ha scelto di rovesciarlo con un'operazione a cui ha dato un nome ambizioso: «Nuovo Ordine». A settembre del 2024 Israele ha riportato indietro di vent'anni la milizia più importante dell'Asse della resistenza e la prediletta di Teheran. Costruire l'arsenale di Hezbollah, e la sua immagine di potenza, è un investimento che alla Repubblica islamica era costato quarant'anni di lavoro e molti miliardi di dollari. Poi in dieci giorni la classe dirigente e l'arsenale del Partito di Dio sono saltati in aria a una velocità che nessuno – tranne un ristretto gruppo di spie israeliane – aveva previsto. Tra il 17 settembre, quando quattromila cercapersone sono esplosi nelle mani di altrettanti miliziani libanesi mentre erano fermi al semaforo o al supermercato, e il 27 settembre, quando l'aviazione israeliana ha finito di decapitare la leadership del gruppo uccidendo il suo capo con bombe da mille chili ciascuna.

L'errore finale di Nasrallah è stato pensare di poter ragionare ancora con Israele secondo le regole dei conflitti precedenti – trattare la sua equazione della deterrenza come una formula matematica immutabile invece di una legge politica che, in quanto tale, mutate le circostanze, smette di avere valore. Nello specifico, che dopo il 7 ottobre smette di avere valore. L'Israele che Hezbollah ha affrontato negli anni Ottanta e Novanta non era l'Israele che ha affrontato nel 2006, e questi due Israele non erano l'Israele senza freni che Hezbollah ha deciso di stuzzicare alla fine del 2023. L'Israele di oggi è imprevedibile, è un paese che ha scelto di non preoccuparsi dell'opinione pubblica mondiale, calcolando che – questo pensa lo Stato ebraico – sarà in grado di sostenere da solo le conseguenze delle sue azioni.[14]

I primi cori «Hezbollah terroristi!» li abbiamo sentiti nelle piazze libanesi nel 2019, ma Hezbollah aveva già perso la sua aura di movimento di liberazione genuino quando aveva varcato i confini del Libano per andare a massacrare i siriani insorti contro la dittatura di Assad. Quando aveva rivolto contro i fratelli arabi i fucili che prima teneva puntati contro gli occidentali e gli israeliani.

Obada è siriano, ha la mia età, gli occhi verdi e le gambe paralizzate. Lo incontro in Giordania, dove è scappato, nell'ospedale di Medici senza frontiere dove oggi lavora: fa il *vocational trainer*, ovvero aiuta persone sfigurate e menomate dalle guerre in Medio Oriente a trovare una strada, a reimparare il loro mestiere; oppure a imparare un altro mestiere, perché un camionista senza braccia non può più fare il camionista. Obada è uno di loro, è in sedia a rotelle da quando un cecchino assadista gli ha sparato alle gambe e alla schiena mentre attraversava la strada.

Nel 2011 Obada scandiva i cori contro il dittatore nel posto in cui è nato, Dara'a, la città di 100 mila abitanti sul confine con la Giordania dove è iniziata la rivoluzione siriana. Il giorno in cui Obada ha perso l'uso delle gambe stava camminando da solo, non c'era una manifestazione, ma il cecchino piazzato in cima a un palazzo sapeva chi era il suo bersaglio e come la pensava. Obada è rimasto a terra per un po', rigirandosi nel suo sangue per il dolore e muovendo in modo scomposto i pezzi del corpo che rispondevano ancora agli impulsi del cervello. A Dara'a non c'era già più nessuno specialista in grado di curare danni gravi alla spina dorsale di un sedicenne. Obada doveva scegliere se andare a Damasco e finire in bocca al nemico, nella capitale del regime dove vedendo arrivare un adolescente con due proiettili in corpo «avrebbero capito subito con chi stavo e contro chi stavo e non sarebbe finita bene per me», oppure scappare oltre il confine, in Giordania, assieme ad altri 600 mila siriani.

La rivoluzione è cominciata nel 2011 a Dara'a come una cosa da ragazzini. Muawiyah Syasneh – che alla fine del 2024 ha partecipato alla rivincita, la conquista di Damasco – quando aveva 16 anni, assieme al suo gruppo di amici, aveva scritto su un muro due frasi. Una era IL POPOLO VUOLE LA CADUTA DEL REGIME – lo slogan delle Primavere arabe che avevamo già sentito al Cairo e a Tunisi – e l'altra era TOCCA A TE, DOTTORE. Perché Bashar al Assad, il dittatore giovane con gli occhi azzurri, con la moglie londinese iscritta a un master ad Harvard, è un oftalmologo. Il giorno dopo, per quelle due scritte sui muri, il gruppo composto da Muawiyah e da altri quattordici adolescenti era stato arrestato, rinchiuso e poi torturato per quarantacinque giorni. Quando una delegazione dei loro genitori era andata a parlare con Atef Najib, il cugino di Assad a capo della polizia del regime nella provincia di Dara'a, si era sentita rispondere: «Scordatevi dei vostri figli, fatene altri. Se non vi ricordate più come si fa, portatemi qua le vostre mogli che ve lo faccio vedere io». Il cugino di Assad aveva perso la misura delle cose ed era così ebbro di soprusi da non accorgersi che una risposta del genere non poteva placare la rabbia, ma anzi avrebbe appiccato un incendio. E infatti di venerdì, dopo la preghiera, Dara'a si era riempita di manifestanti che marciavano dalla moschea al Omari. A quel punto il regime aveva cominciato a sparare.

All'inizio gli uomini di Assad avevano sparato con l'arroganza di chi era sicuro di poter schiacciare qualsiasi forma di dissenso. Poi davanti all'ampiezza e alla durata delle proteste avevano cominciato ad avere paura. Dopo tanti anni di dominio senza sfidanti avevano temuto di perdere il potere, i privilegi, le loro posizioni, la sicurezza personale e anche la vita. Da arroganti e crudeli erano diventati spaventati e ancora più crudeli.

In un mese l'insurrezione di Dara'a contagia tutta la Siria. Centinaia di membri del monopartito Ba'ath si dimettono perché si vergognano della brutalità della repressione e nell'esercito cominciano le diserzioni. Assad decide di mandare suo fratello Maher, il capo della Quarta divisione corazzata dell'esercito siriano, a punire Dara'a in modo esemplare. Quando arriva, i manifestanti gli gridano: «Maher, codardo, porta i tuoi cani al Golan».[15] Intendevano: invece di venire qua ad ammazzare i siriani, prendi i tuoi uomini e vai a liberare le alture del Golan occupate da Israele, se hai le palle.

Maher mette sotto assedio la culla della rivoluzione. Dara'a è la prima città a sperimentare un protocollo antirivolte che gli Assad useranno in molti altri luoghi della Siria: i carri armati contro i manifestanti, il taglio di acqua corrente, elettricità e linea telefonica, e l'ordine di affamare gli abitanti. I cecchini prendono posizione sui tetti delle moschee per sparare a quelli come Obada.

Il terzo ragazzino che ha fatto scoppiare la rivoluzione non aveva alcuna intenzione di prendersi questo ruolo, si chiama Hamza al Khateeb, di 13 anni. È la primavera del 2011, lo Stato islamico non ha ancora fatto capolino nel paese, non ha conquistato nulla, non è emerso: la violenza di Assad è contro i cittadini arrabbiati e senza più paura che protestano contro di lui. Hamza è a una manifestazione assieme alla famiglia nella sua città, Dara'a. A un certo punto i militari aprono il fuoco e i parenti di Hamza corrono in direzioni diverse, lui si perde nella folla. I genitori lo cercano per ore, ma è arrivata prima la polizia politica e lo ha portato via. Hamza, anche se ha solo

13 anni, è tra i cinquantun manifestanti catturati dall'intelligence di Assad. Scompare in una caserma, un mese dopo viene riconsegnato morto alla famiglia. Gli hanno rotto il collo, la mascella, le braccia e le ginocchia. Ha una grande macchia scura sul ventre, i segni di bruciature di sigarette, gli occhi sanguinanti e il suo pene è stato tagliato via con un paio di forbici oppure con un coltello. Da quel giorno Hamza diventa il simbolo dei metodi assadisti per una generazione di siriani.

La madre, quando vede il corpo, collassa. Gli uomini del regime – dopo la risposta «Scordatevi dei vostri figli, fatene altri. Se non vi ricordate più come si fa, portatemi qua le vostre mogli che ve lo faccio vedere io» – non hanno imparato la lezione. Non hanno capito che, se è questo il metodo che hanno in testa per spaventare i siriani e convincerli a smettere di protestare, non funziona. La famiglia di Hamza prende le foto del cadavere torturato del bambino e le passa ad al Jazeera, il canale televisivo più seguito del mondo arabo. Gli spettatori – centinaia di milioni di arabi – le vedono. Invece di sparire, i cortei si moltiplicano. Nasce una pagina Facebook con il nome di Hamza e viene usata dai vari gruppi di arrabbiati sparsi in tutto il paese per organizzarsi. Le piazze si riempiono ogni venerdì, nel giorno che prima veniva chiamato «il venerdì della rabbia» e che da ora in poi si chiamerà: «il venerdì di Hamza». Al Khateeb diventa la vittima di tutte le vittime del regime di Assad, e la sua foto – faccia paffuta, occhi a mandorla, capelli lisci scuri, sorriso – la alzano i manifestanti in ogni piazza. Adesso sì che il regime capisce l'errore che ha fatto: in uno scambio di mail tra Assad, sua moglie Asma e suo suocero, trafugato dal gruppo hacker Anonymous e pubblicato da Wikileaks nel luglio 2012,[16] si legge questo consiglio che il papà della first lady dà al marito di lei, Bashar: «Sulla questione dei bambini torturati diciamo così: è tutta propaganda britannica». Però è tardi.

Da quando al Jazeera ha trasmesso le immagini del cadavere di Hamza non esiste più la possibilità di una risoluzione pacifica della crisi siriana.

Se Dara'a è la culla della rivoluzione, Homs è la sua capitale. È la terza città della Siria e lì le manifestazioni diventano enormi. La gente si riunisce intorno alla torre dell'orologio nel centro della città e a guidare i cori c'è Abdul Baset al Sarout, 19 anni, portiere dell'al Karamah, una delle squadre di calcio più forti della Siria e portatrice di gloria per Homs.

Nel maggio 2011, dopo Dara'a, l'esercito siriano si rivolge contro Homs: anche qui checkpoint per isolare la città, basta elettricità e basta acqua corrente. Assedio. Solo che a Homs l'assedio non dura dieci giorni, dura tre anni. Al Sarout resta chiuso dentro, molla i guantoni e prende il fucile. Fino al 2014, quando i ribelli come lui, assediati in una città rasa al suolo e dopo aver finito la farina e le munizioni, si arrendono e vengono trasferiti nella provincia irriducibile di Idlib, quella da dove Ahmad al Shara' detto al Jolani, l'ex jihadista che oggi fa il presidente della Siria in giacca e cravatta, farà partire la rivincita alla fine del 2024. Al Sarout non ci sarà: muore in combattimento nel 2019, senza mai più rivedere Homs. Ma se oggi passi nel mercato di Damasco trovi le tazze con la sua faccia, spuntate come dal nulla pochi giorni dopo la cacciata di Assad.

Dopo la risposta oscena ai genitori di Dara'a, dopo le immagini in televisione del corpo di Hamza al Khateeb, l'assedio di Homs è l'altro punto di svolta della guerra siriana.

L'esercito di Assad riesce a riconquistare la città soltanto prendendo i ribelli per fame e la chiave per farlo è una città più piccola, un paesino di montagna sul confine tra Libano e Siria, da dove passa la rete di contrabbando che porta la farina e le munizioni che tengono in vita i ribelli di

Homs: al Qusayr. È ad al Qusayr che la guerra civile siriana diventa una faccenda internazionale. È lì che intervengono le milizie e gli eserciti dell'Asse della resistenza per salvare l'amico Assad dal suo popolo. Al Qusayr è il primo banco di prova di Hezbollah al fianco degli assadisti ed è questo il vero momento in cui il gruppo libanese comincia a rovinarsi la reputazione. La battaglia di al Qusayr mette sotto il controllo del regime il confine tra Siria e Libano, isola i ribelli di Homs e li costringe ad arrendersi e a scappare a Idlib, l'unica regione assediata che terrà fino alla fine. Negli anni successivi Hezbollah continua a fornire la manodopera che, assieme alle campagne militari appaltate ai pasdaran iraniani sul campo e ai bombardamenti dell'aviazione russa, compone il macchinario che tiene in vita artificialmente il regime di Assad per anni.

La milizia libanese che un decennio prima aveva scacciato l'occupazione israeliana e si era proposta come modello per la liberazione della Palestina, adesso sta al fianco dell'esercito siriano mentre bombarda Yarmouk, il campo profughi palestinese di Damasco, e uccide uomini, donne e bambini palestinesi. Lo fa perché Assad è fondamentale per Nasrallah a Beirut e per la Repubblica islamica a Teheran, perché tra l'Iran e il Libano ci sta in mezzo la Siria, e senza la Siria l'Iran non può rifornire di missili la sua milizia-assicurazione sulla vita contro Israele e senza la Siria Hezbollah rimane a digiuno di armi.

A volte Hezbollah pubblica manifesti mortuari per i propri caduti con la formula rituale: «Martire sulla via per Gerusalemme». Ma i siriani commentano sarcastici: «Passa dalla Siria 'sta strada per Gerusalemme?». Basta prendere in mano una mappa per capire che no, non ci passa. Che «Gerusalemme» è una parola usata troppo spesso come un ampio tappeto per coprire massacri di siriani, omicidi di libanesi e impiccagioni di iraniani compiuti dall'Asse della resistenza.

Il dittatore siriano Bashar al Assad è scappato dopo quasi quattordici anni di guerra civile e dopo mezzo milione di siriani uccisi – in maggioranza dai militari assadisti e dai loro alleati. I siriani hanno festeggiato in piazza per giorni. Hanno gioito anche molti cristiani, con le campane a festa nelle chiese, nonostante il paese sia stato liberato – non soltanto ma soprattutto – da un gruppo di ribelli jihadisti capeggiati da un uomo con un passato in al Qaida e nello Stato islamico. I siriani che festeggiavano non sapevano di preciso cosa li aspettasse. Non era il futuro che celebravano. Celebravano la fine di qualcosa che invece conoscevano troppo bene. La fine di un regime che ha usato il gas sarin per soffocare i suoi civili e ha usato gli assedi per fame contro il suo stesso popolo. Festeggiavano la fine della prigione politica di Sednaya, soprannominata «il mattatoio di esseri umani». E festeggiavano alzando in aria la foto di un bambino con la faccia paffuta: Hamza al Khateeb.

Nell'ospedale di Amman dove lavora Obada, ho assistito a un litigio che è una buona sintesi di un Medio Oriente stritolato da guerre locali e interventi stranieri: un vecchio soldato iracheno zoppo, che vive in Giordania da profugo, gridava: «Il mio paese è fottuto per colpa dell'intervento americano contro Saddam Hussein!». Obada gli rispondeva alzando gli occhi al cielo: «Il mio paese è fottuto perché gli americani non sono intervenuti contro Assad!». Alla fine, il dittatore è caduto lo stesso.

Non è un caso se Israele ha iniziato a preparare il suo grande attacco all'Iran pochi giorni dopo il collasso del regime assadista, a dicembre del 2024.[17] Una Siria non più governata da un amico di Teheran, e senza più forze armate funzionanti, di fatto apriva i suoi cieli agli squadroni di jet israeliani che volevano andare a bombardare la Repubblica islamica. Trasformando quella che per mezzo secolo era stata la «guerra ombra» più temuta del Medio Oriente, in una guerra vera.

L'architetto

L'architetto della battaglia di al Qusayr che aveva trasformato la guerra siriana in una faccenda internazionale è lo stesso architetto dell'Asse della resistenza in generale: Qassem Suleimani. Da capo delle forze Quds dei pasdaran, Suleimani ha costruito quello che i fan più ottimisti del regime iraniano chiamano «il nuovo impero persiano». Le Quds in Iran sono forze molto speciali – sono l'equivalente della CIA e dei Navy Seals, i soldati d'élite della marina americana, messi assieme – e Suleimani è arrivato a comandarle partendo da zero. È nato povero da due contadini di un villaggio sabbioso vicino a Kerman, nel sud dell'Iran. A 13 anni ha cominciato a lavorare e ha cominciato ad andare tutti i giorni in palestra. Quando, nel 1980, il dittatore iracheno Saddam Hussein prende un grosso abbaglio e invade l'Iran pensando che un paese appena sconvolto da una rivoluzione sia un paese debole, il giovane Suleimani raduna gli amici della palestra e va al fronte. Questi dettagli me li racconta un uomo che lo ha conosciuto da vicino, Hossein Kanaani, uno dei fondatori dei pasdaran, quando torno a casa sua a dicembre del 2024, dopo un anno in cui è cambiato tutto.

Kanaani di formazione è un ingegnere, ha studiato a Londra e nella sua libreria, tra la fotografia incorniciata di un piccolo sottomarino che ha progettato lui e una medaglia al valore, tiene in bella vista un manuale di sopravvivenza delle SAS – le forze speciali britanniche. Seduti accanto sul divano, giriamo un bastoncino di zucchero nel tè mentre sfogliamo il suo album di fotografie, che è anche l'album di famiglia dell'Asse della resistenza: gli scatti dei suoi quarantacinque anni di carriera raccontano mezzo secolo di operazioni iraniane in Medio Oriente. C'è Kanaani in Siria assieme ai generali ammazzati dai bombardamenti israeliani nell'ultimo anno, compresi quelli uccisi nel famoso attacco contro il consolato di Teheran a Damasco nell'aprile del 2024. C'è lui in Libano che addestra un Nasrallah con la faccia da ragazzino, all'inizio degli anni Ottanta e ancora prima che Hezbollah uscisse allo scoperto. C'è lui con Amir-Abdollahian, l'ex ministro degli Esteri che era seduto accanto al presidente molto conservatore Raisi quando il loro elicottero si è schiantato. C'è Kanaani in Afghanistan durante l'invasione sovietica che fece 600 mila morti, quando sia gli iraniani sia gli americani sostenevano i mujaheddin che combattevano l'Armata Rossa e che poi cominceranno a combattersi tra loro, in una guerra civile dove alla fine prevarrà non la fazione più grande ma la più radicale: i talebani. C'è Kanaani in Iraq poco prima della caduta del dittatore Saddam Hussein, il vecchio nemico dell'Iran e, in quel momento, il nuovo nemico dell'America.

Dopo gli attentati alle torri gemelle e al Pentagono dell'11 settembre 2001, la Repubblica islamica e gli Stati Uniti si ritrovano con due avversari in comune – i talebani in Afghanistan e Saddam in Iraq – e per un periodo collaborano. Da un lato c'è il diplomatico Ryan Crocker e dall'altro il generale più efficiente e famoso d'Iran, sempre lui: Qassem Suleimani. Suleimani consiglia gli obiettivi da colpire, Crocker passa un po' di informazioni sulle cellule dei fondamentalisti di al Qaida in Iran da stanare. Poi arriva un discorso famoso del presidente dell'epoca, George W. Bush, che parla di un «Asse del male» e ci mette dentro anche l'Iran. Suleimani prima si offende mortalmente e poi si arrabbia. Crocker gli spiega: non avevo idea che il nostro presidente avrebbe detto quello che poi ha detto. Con un po' di immaginazione, possiamo vedere Crocker nella sua stanza mettersi una mano sulla fronte e cominciare a scuotere la testa mentre ascolta il passaggio sull'Iran del discorso di Bush – una cosa che ai diplomatici sul campo e alle spie capita di frequente. Gli scambi tra gli Stati Uniti e la Repubblica islamica finiscono in quel momento e la Storia prende un'altra piega. Suleimani diventa l'architetto dell'Asse della resistenza che tiene sotto tiro Israele e le basi militari americane in Medio Oriente.

Kanaani è il comandante che sta sopra Suleimani all'inizio della carriera del secondo, quando l'invasione irachena dell'Iran è appena cominciata. Suleimani fa un lavoro umile, il portatore d'acqua per i soldati, ma in poco tempo scala le gerarchie – la caratteristica per cui si fa notare, mi dice Kanaani, «è il coraggio. Qassem voleva sempre andare a fare le cose più complicate, ma poi tornava sempre indietro tutto intero». Nel 1998 Suleimani diventa il capo delle Quds e da quel momento si dedica al progetto della sua vita: la costruzione di una rete di gruppi armati dal Libano all'Iraq, dalla Palestina allo Yemen, indipendenti ma finanziati, armati e quando serve coordinati direttamente da Teheran, cioè da lui.

Il più importante di questi è Hezbollah: dopo il «discorso della ragnatela» di Nasrallah e l'espulsione degli israeliani dal Libano, Suleimani capisce che quello del Partito di Dio è un modello da esportare. Così nascono via via gli altri anelli della catena, che gli iraniani chiamano «gli anelli di fuoco», perché sparano, e che sono figli di un approccio metodico: identificare i paesi vulnerabili, con vuoti di potere, e all'interno di quei vuoti scovare chi può diventare un alleato, chi si può spingere – in cambio di soldi, armi e supporto politico – a fare gli interessi della Repubblica islamica, o perlomeno *anche* gli interessi della Repubblica islamica. Hamas in Palestina, gli Houthi di Ansar Allah in Yemen, le Forze di mobilitazione popolare in Iraq. In Siria, il regime di Assad. In molti casi, questi gruppi sono vere e proprie espansioni del «brand» Hezbollah, una specie di franchising con gli stessi colori – giallo e verde brillanti – e loghi molto simili. Se necessario, questi gruppi si possono anche creare da zero, come la Liwa Fatemiyoun e la Liwa Zainebiyoun, le due milizie sciite formate da afghani e da pakistani entrambe inventate di sana pianta da Suleimani.

La Siria diventa il campo di battaglia dove le milizie che incarnano la strategia di sicurezza e di attacco del regime iraniano si sarebbero misurate. È la guerra in Siria che costringe Suleimani, un tipo schivo, uno che detesta i discorsi pubblici e preferisce di gran lunga lavorare dietro le quinte, a uscire dall'ombra e diventare un leader carismatico – finendo per farsi notare anche da Donald Trump e per farsi ammazzare dal presidente americano nel gennaio del 2020.

Suleimani non è un ammiratore di Assad, perché lo considera scarso nel campo che per lui conta di più, più ancora della fede: l'abilità militare. «L'esercito siriano è inutile!»[18] diceva il generale iraniano nel 2013, un decennio prima che quell'esercito si sbriciolasse di fronte all'avanzata dei ribelli senza aviazione e senza carri armati scesi da Idlib. Secondo fonti iraniane di solito bene informate, e secondo Kanaani, persino uno con molto pelo sullo stomaco come Suleimani ha avuto un sussulto quando Assad ha deciso di usare il gas sarin contro il suo popolo, indomito, pur di stroncarlo. Perché come tanti maschi iraniani della sua generazione, Suleimani aveva visto gli effetti delle armi chimiche di Saddam sui corpi dei suoi commilitoni quando era in trincea assieme a Kanaani a difendere la neonata Repubblica islamica dall'invasione. Le armi chimiche in Iran sono innominabili perché sono una ferita collettiva – tutti conoscono almeno una vittima, tanti ne hanno una in famiglia. Ma per Suleimani la Siria era un mattone irrinunciabile dell'Asse, il gas sarin valeva l'autostrada nel deserto su cui passavano i missili per gli alleati più stimati e più preziosi: gli Hezbollah che, invece, erano veri fratelli, veri sciiti, che riconoscevano l'ayatollah a capo dell'Iran come autorità suprema, che non avevano mai deluso o disobbedito e che non avevano mai subìto una sconfitta militare. Almeno fino all'ultima guerra con Israele, quando Suleimani non poteva più dare consigli.

Nel 2011, mentre a Dara'a il tredicenne Hamza al Khateeb viene torturato a morte e le proteste s'ingrossano, mentre Homs insorge seguendo i cori gridati da un calciatore ribelle, l'Iran decide di raddoppiare: decide che la sopravvivenza di Assad è la sua sopravvivenza. Per la Repubblica islamica, il regime non è soltanto un alleato. Per la creatura di Suleimani, l'Asse della resistenza, la Siria non è soltanto un campo di battaglia: è la sua spina dorsale. «La Siria è la trentacinquesima provincia dell'Iran. Se perdiamo Damasco non saremo in grado di tenere Teheran» dice Mehdi Taeb, il capo dell'intelligence dei pasdaran amico di Suleimani. La Siria è «il nostro anello d'oro». Un anello d'oro con un rubino rosso come quello che porta sempre al dito Qassem Suleimani – praticamente l'unica cosa che si è trovata di lui dopo che un missile sganciato da un drone MQ-9 Reaper lo ha incenerito.

Tenere la Siria era una questione esistenziale – o perlomeno è così che la vedeva Suleimani. Valeva la pena spendere lì molti miliardi di dollari da sottrarre agli iraniani, a un'economia nazionale già sanzionata e debole. «Lasciate stare la Siria, pensate a noi!», «Lasciate stare il Libano, pensate a noi!», «Lasciate stare Gerusalemme, pensate a noi!», cominceranno a gridare i contadini e gli operai iraniani nelle piazze di lì a poco. Alla fine, tutti quei miliardi saranno bruciati in una decina di giorni: tra il 27 novembre 2024, quando è cominciata la marcia da Idlib, e il 7 dicembre, quando Damasco è caduta nelle mani dei ribelli.

Due mesi prima, era andato in frantumi anche l'investimento più importante mai fatto da Teheran all'estero: la costruzione di Hezbollah e del suo arsenale. Quel giorno, come abbiamo detto, la Repubblica islamica aveva perso l'assicurazione sulla vita che si reggeva sui missili in Libano ed era una sorta di patto di mutua distruzione sul modello di quello della guerra fredda, ma su scala molto minore e senza plutonio. Perché quei missili sì che, se lanciati tutti assieme contro Tel Aviv, potevano saturare le difese aeree dello Stato ebraico e andare a segno.

Mentre io e Kanaani parliamo sprofondati nel divano, nell'ultimo anno l'Asse della resistenza è stato smontato pezzo dopo pezzo quasi per intero. E gli amici di Kanaani che compaiono nell'album delle fotografie, oggi, sono quasi tutti al cimitero. L'alleato più affine, Nasrallah, è morto. L'unico alleato che fosse anche il presidente di un paese, Assad, è fuggito. Il capo politico di Hamas, Ismail Haniyeh, il socio palestinese che con la sua presenza nell'Asse ne giustificava la missione – «riconquistare Gerusalemme» – è saltato in aria a Teheran poche ore dopo essere uscito dall'ufficio della Guida suprema. E anche se dentro l'Asse considerano il martirio «dolce come lo sciroppo», questa sequenza di eventi è la peggiore sconfitta per la Repubblica islamica da quando esiste.

Hamas a Gaza ha perso la testa, Yahya Sinwar, e il capo militare, Mohammed Deif, e le sue truppe sono state decimate nelle stragi di decine di migliaia di palestinesi della Striscia. Ma il sacrificio di Hamas – una delle due milizie meno importanti dell'Asse e l'unica sunnita dentro un'alleanza tutta sciita – era messo nel conto ed era tollerabile per l'Iran. L'ironia della Storia ha voluto che il capo di un gruppo relativamente piccolo, considerato strategico a fini di propaganda più che per le sue capacità militari, il 7 ottobre, con un'operazione-massacro a sorpresa di cui né l'intelligence israeliana né i pasdaran iraniani lo pensavano capace, ha sconvolto non soltanto un nemico più forte, Israele, ma anche tutti i progetti dell'alleato più potente, l'Iran, fino a portare l'Asse della resistenza sull'orlo del collasso.

Una delle croniste politiche più famose di Teheran, vicina al regime ma sempre schietta, Fereshteh Sadeghi, alla fine del 2024 ha ammesso che «l'Asse della resistenza» – per come lo abbiamo conosciuto – «ormai appartiene alla storia». In un altro post pubblico, Sadeghi racconta quale libro ha scelto di leggere la sera in cui i ribelli sono arrivati a Damasco spezzando fisicamente l'Asse: un saggio sull'implosione dell'Unione Sovietica. Nelle stesse ore, un comandante dei pasdaran in pensione diceva che la caduta della Siria, per la Repubblica islamica, andava letta come la caduta del muro di Berlino per l'Urss – un presagio funesto.

Ormai per Teheran aver perso l'autostrada nel deserto che la collegava al Libano non è neanche più importante. Perché il progetto intero non sta più in piedi. La strategia di difesa è saltata e così nelle prime ore di venerdì 13 giugno 2025 è cominciato il grande attacco di Israele all'Iran, per colpire il programma atomico e decapitare la leadership militare, facendo centinaia di vittime civili nel mentre.[19] Ma a differenza di Mosca nel 1991, quando è collassata l'Unione Sovietica, Teheran non ha (ancora) le testate nucleari. Così oggi le autorità del paese sopravvissute ai bombardamenti parlano molto di due opzioni per mettere al riparo un regime in bilico: sbrigarsi a ottenere una bomba atomica approfittando di ciò che resta del programma nucleare oppure arrivare a un patto con l'arcinemico Donald Trump, l'assassino dell'architetto. Seppellendo, per la seconda volta, Qassem Suleimani.

Atterro a Teheran con un regolare visto giornalistico per raccontare questo mondo nuovo in cui il regime iraniano è stato precipitato dagli eventi e in cui non si sente più al sicuro. Il 12 dicembre sono seduta sul letto a gambe incrociate, in mano ho un microfono e sopra la testa ho il piumone – i fonici di Chora mi hanno insegnato a fare così per evitare che i rumori d'ambiente finiscano nella registrazione. Per la puntata è importante che la mia voce sia nitida. La puntata contiene le interviste a due esperti del programma atomico iraniano e riguarda l'ipotesi che gli israeliani, con l'aiuto di Donald Trump, a un certo punto lo bombardino. È una puntata che non andrà mai in onda.

Sul mio iPhone compare una notifica. Il messaggio dice che il pasdaran che devo incontrare tra poco ha deciso di cancellare l'intervista all'ultimo. Non è uno qualunque, si chiama Kazemi Qomi, Suleimani lo aveva scelto per guidare le forze Quds dei pasdaran in Iraq nel 2003, durante l'invasione americana. La ragione per cui annulla il nostro appuntamento, dice, è che oggi non c'è un filo di vento e la città è troppo inquinata, infatti tanti uffici e le scuole sono chiusi. Sorrido. Kazemi Qomi non è il tipo che si faccia fermare dallo smog. Sorrido e un attimo dopo bussano alla porta della mia stanza di hotel. «Non ho bisogno di niente, grazie» dico in inglese da sotto il piumone. Bussano di nuovo. Sposto il piumone, mi alzo, apro. Guardo negli occhi due uomini – uno ben piazzato vestito sportivo, l'altro in giacca e camicia alla coreana. Non portano una divisa, non mostrano il distintivo. Non parlano proprio. Ma quello vestito sportivo si chiude la porta dietro le spalle, prende il mio telefono appoggiato sul bordo del letto e se lo mette in tasca, mi dice: «*Sit*» – l'unica parola che gli sentirò mai pronunciare.

Comincio a sudare e ho un odore che non è il mio.

Kazemi Qomi non aveva paura dello smog, aveva paura di farsi vedere con una che i suoi amici stavano per sbattere in galera.

Per entrare dentro la sezione femminile di Evin devi passare attraverso un metal detector e calpestare le due bandiere che ci stanno sotto: quella americana e quella israeliana. In un grande stanzone prima del braccio di massima sicurezza mi spogliano, mi perquisiscono, mi fanno fare il tradizionale squat nuda e mi controllano la gola e le orecchie. Il mio computer e i miei due telefoni li hanno già presi gli uomini che mi hanno rapita nella mia stanza di hotel, il resto delle mie cose le stanno controllando e catalogando adesso. Mi mettono in mano un paio di mutandoni, la divisa blu scuro, le ciabatte di gomma e due coperte con i capelli e i peli di chi è passato prima di me. Mi tolgono gli occhiali. Quando chiedo che mi lascino le lenti a contatto mi metto in ginocchio: «Spezzando le lenti degli occhiali mi posso ammazzare ma spezzando le lenti a contatto no!» dico in inglese. Non risponde nessuno. Mi incappucciano. Quando arrivo nella cella d'isolamento mi tolgono la benda ma io non vedo niente lo stesso. Non che ci sia molto da vedere: è vuota. C'è un citofono accanto alla porta blindata chiusa – per fare pipì devi suonare il citofono, mi hanno spiegato. Arriva una guardia a volto coperto che ti benda e ti accompagna verso un cesso alla turca.

Nella cella si nota che non c'è una brandina, non c'è un materasso, non c'è un cuscino. Ma c'è una macchia di sangue su una delle pareti corte, se mi avvicino quella la vedo bene. Non ho ancora pianto fin qui – non perché non ce ne sia motivo ma perché testa e cuore sono pieni soltanto di istinto di sopravvivenza da ore, per fortuna. Tutto ciò che rappresenta quella macchia di sangue non lo posso reggere, dice un'emozione che si fa strada per mezzo secondo, subito scacciata dall'efficienza dell'istinto di sopravvivenza che procede così: in quale angolo della stanza si nota meno la macchia di sangue? Il punto in cui si nota di meno è stando attaccata alla macchia di sangue, è la risposta ovvia. Mi siedo lì.

Da questo momento in poi non vedrò nulla, quando sono in cella d'isolamento perché non ho gli occhiali e perché non c'è niente da vedere. Quando mi spostano fuori, anche soltanto per andare in bagno, e quando mi interrogano, perché sono incappucciata. Per non cadere o sbattere contro le pareti, devo afferrare l'estremità di un bastone che mi porgono e seguire chi lo impugna.

C'è questo grande nemico in carcere ed è il vuoto. Non quello nella stanza ma quello nella testa, che però sono collegati. In cella non puoi fare niente, sono fatte apposta così: non puoi compiere nessuna azione che impegnerebbe le tue sinapsi e distoglierebbe i tuoi pensieri per un poco dalla paura che hai. Non puoi dormire: hai un faro al neon puntato contro ventiquattr'ore su ventiquattro, non c'è una brandina, non c'è un materasso, non c'è un cuscino. Le fanno apposta così. Devi avere paura, a questo serve non dirti di cosa sei accusato, a questo serve privarti del sonno, a questo serve impedirti di misurare lo scorrere del tempo e creare l'ambiente fisico perfetto perché la mente umana generi mostri. Devi perderti nella paura che hai.

L'obiettivo è spezzarti, trasformarti in un sacco vuoto, affinché possano poi riempirti con quello che tornerà loro utile. Farti confessare un reato di sangue, per esempio, se sei un dissidente e loro vogliono mandare un messaggio, perché gli serve come premessa per impiccarti: a Evin c'è una grossa gru che svolge questa funzione. Farti confessare di essere una spia, per esempio, se sei un ostaggio e vogliono scambiarti con qualcuno dei loro accusato di reati gravi all'estero. Farti fare i nomi degli altri, se sei uno che organizza le feste o le proteste.

Evin è un posto che conosco già attraverso le parole degli altri. Perché ho intervistato chi ci è passato prima di me, perché ho studiato casi simili al mio. Ho una fortuna: non ci sono sorprese. E una sfortuna: i precedenti che conosco non sono belle storie. Sapevo già che i muri sarebbero stati giallo sbiadito. Sapevo che non mi avrebbero dato un avvocato – non prima di aver ottenuto da me quello che volevano, qualsiasi cosa fosse. Sapevo che davano i datteri ai detenuti un paio di volte alla settimana e li aspettavo. Sapevo che non avrei mai dovuto confessare nulla in nessun caso, come mi aveva detto Abbas, come mi hanno detto tutti gli iraniani che conosco e che per un motivo o per un altro temono il sistema che li governa, anche quelli che ne fanno parte. E sapevo che soltanto di questo dovevo essere capace. «Questa è l'unica cazzata che non ti perdonerei» mi sono detta parlando da sola, mi sono resa conto di averlo fatto ad alta voce – le uniche parole in italiano che ho pronunciato a Evin.

La mia vicina, di cui sento i rumori soltanto quando le guardie lasciano aperta la fessura nella porta della mia cella, ogni tanto prende la rincorsa in uno spazio lungo due metri per andare a sbattere il cranio più forte che può contro la porta blindata. Non ho esperienza e non sono in grado di contemplare il dolore fisico prolungato che è una conseguenza delle torture inflitte o autoinflitte, per questo la più grande paura che ho in isolamento è quella di impazzire.

Per evitarlo, mi do pochi obiettivi semplici. Il primo obiettivo è ottenere un libro: il Corano in inglese. Quello non possono non averlo nel carcere di una Repubblica islamica, penso, e non possono negarmelo, mi illudo per i primi due giorni. Dopo i primi due giorni ho capito che non me lo avrebbero dato, ma ho continuato a chiederlo a ogni guardia che mi accompagnava verso il cesso alla turca.

A non fare nulla il tempo non passa mai, non ti stanchi mai e non ti addormenti mai, così le ore ad aspettare persa nella paura che hai diventano ventiquattro ogni giorno. In cella trascorro le notti a rileggere molte volte gli ingredienti del pane in busta del pranzo, a contarmi le dita, a contare i miei passi – un giorno ne ho fatti più di mille in uno spazio che è lungo due metri. Soprattutto, passo il tempo a scandagliare quello che avrebbero potuto trovare nel mio portatile e nel mio iPhone per rivoltarmelo contro al prossimo interrogatorio. Le chat che ho con le mie fonti iraniane e con le mie fonti israeliane più interessanti – e più pericolose in questo contesto – sono protette. Non compaiono scrollando le conversazioni su Signal o WhatsApp sul mio telefono, devi conoscere e digitare manualmente i nomi con cui le ho salvate per trovarle. E per aprirle devi digitare un codice che è diverso dal codice di sblocco del mio iPhone. Faccio la scommessa che le conversazioni protette non le troveranno e rispondo di conseguenza negli interrogatori, che sono uno al giorno e a volte durano dieci ore. Se davvero non le trovano, le mie risposte sono congruenti con quello che hanno raccolto sui miei dispositivi e va tutto bene. Se le trovano, sono fregata. Con questo dubbio in testa, trascorro le mie notti insonni a Evin.

«Se ci menti non esci più», è la premessa di cui cerca di convincerti l'uomo che ti interroga. La sua voce ormai mi è familiare, abbiamo passato più di sessanta ore assieme, ma non conosco la sua faccia perché a ogni interrogatorio sono bendata e faccia al muro. E alla fine di ogni interrogatorio devo firmare le mie dichiarazioni con l'impronta digitale impregnando l'indice destro nell'inchiostro blu.

La prima volta che ho sentito la voce dell'uomo che mi interroga ero in una caserma o in una base militare e non ancora in carcere, avevo fatto un tentativo disperato e gli avevo detto: sono sicura che il Corpo a cui lei appartiene abbia un codice d'onore. Sono sicura che, se la interrogasse l'intelligence di un paese straniero, lei proteggerebbe le persone con cui lavora. Io sono soltanto una giornalista, ma anche noi abbiamo un codice d'onore: proteggere le fonti. Ovviamente non aveva funzionato.

So che esistono altre due ipotesi oltre al reato di pubblicità contro la Repubblica islamica, il reato per cui arrestano i giornalisti in Iran, per spiegare perché io mi trovi qui: che siano interessati ai miei viaggi di lavoro oppure che io sia un ostaggio. Ma so anche che una volta che ti prendono – qualsiasi sia l'obiettivo – ti svuotano. Vogliono tutto quello che puoi dare loro sugli iraniani, sulle persone che reputano interessanti in Italia (dove vanno a scuola i loro figli, per esempio), sui viaggi all'estero in paesi dove i pasdaran sono presenti e in quelli che i pasdaran considerano nemici. Il problema di ogni strategia che puoi adottare per resistere a una sequenza di interrogatori è che alla settantaduesima ora senza dormire non sei più sicura né dei tuoi comportamenti né dei tuoi ricordi. Alla settantaduesima ora senza dormire non sei più in controllo.

L'uomo che mi interroga lo sa e prova a convincermi che io abbia fatto cose che non ho mai fatto. Che abbia detto cose che non ho mai detto. Che conosca un iraniano di nome Jafar da quando avevo 14 anni e che abbia scambiato informazioni con lui per metà della mia vita. Ho passato una settimana di notti insonni chiedendomi se fossi già impazzita al punto da non ricordare un uomo che conosco da metà della mia vita.

Nelle altre notti insonni ho paura di essere contagiosa, ho paura che la mia sola presenza qui abbia già rovinato la vita a qualche iraniano che ho incontrato. Faccio un incubo da sveglia – un'allucinazione – in cui vedo Abbas, il ventiquattrenne con cui ho cenato la sera prima del mio arresto, che varca la soglia della mia cella per venire a dirmi che è colpa mia se domani lo impiccano, come avevano impiccato il cugino due settimane prima. Mi serve una strada semplice da seguire nella confusione che ho in testa e decido che è quella di negare sempre. Mi sembra la migliore per gli altri e per me. Parlando mi posso contraddire: i miei vuoti di memoria, privata del sonno, sono reali, ma sembrerebbero sospetti. Negare sempre è un principio facile che puoi sperare di ricordare anche fatta di sedativi o in preda alle allucinazioni.

«Sei una brava prigioniera» mi ha detto un giorno in cui mi sentivo un sacco vuoto la guardia donna con il volto coperto, abbassandosi di un poco la maschera con due dita. Lo ha detto con il tono con cui mia madre, quando ero bambina e rimanevo a dormire fuori dagli amichetti, mi diceva «brava» dopo avermi chiesto se avessi rifatto il letto quella mattina prima di andare a scuola. Poi, chiudendosi dietro la porta blindata, la guardia mascherata aveva aggiunto: «Prega», e aveva indicato in alto: il cielo oltre il soffitto. Sarebbe stato questo il momento più caloroso di tutta la mia detenzione se un giorno non fossi incappata in un gatto rosso, un persiano a pelo lungo e l'unica forma di vita non minacciosa nei miei confronti che ho incontrato a Evin. Una mattina mi mettono il cappuccio in testa, in una mano l'estremità del bastone da cui devo farmi guidare per non cadere, e mi fanno attraversare così il cortile. Lì una cosa calda mi intralcia il passo, poi sento le vibrazioni delle fusa contro i polpacci – si struscia. Sotto il cappuccio, rivolgendo lo sguardo verso le punte dei piedi, trovo l'animaletto che mi guarda dal basso verso l'alto.

Qualche giorno dopo mia madre dice, davanti a un po' di telecamere, che io sarei un soldato e che lo sarebbe anche lei. E poi che non ho un letto, non ho un materasso e non ho un cuscino. Io questo non posso saperlo, perché non ho accesso alle informazioni da fuori. Ma in una telefonata in cui ero autorizzata a dire soltanto: «Sono in carcere e non sono ferita. La magistratura islamica sta seguendo il mio caso», mia mamma aveva approfittato per farmi poche domande a risposta chiusa: sì, no. Hai un letto? No. Hai un materasso? No. Hai un cuscino? No. Nella telefonata non potevo parlare delle mie condizioni detentive e non potevo assolutamente parlare degli interrogatori. E in un certo senso non l'ho fatto, ho detto soltanto tre volte «no». Quello che potevo dire era: «Sono in carcere e non sono ferita. La magistratura islamica sta seguendo il mio caso» e poi «buon Natale», che ho detto il 26 dicembre perché avevo perso il conto dei giorni o «buon anno», che ho detto il 1° pensando che fosse il 31 ma in quel caso andava bene lo stesso.

Quando la notizia «niente letto, niente materasso, niente cuscino» è diventata pubblica, gli uomini che mi avevano rapita l'hanno vista, si sono arrabbiati, e io dentro Evin ho ricevuto la mia punizione. Un tour fino alla gru per le impiccagioni davanti alla quale mi hanno tolto il cappuccio e mi hanno detto: «Questo facciamo alle spie». Una punizione che ha comportato un battito cardiaco poco sano e una reazione nervosa che credo sia ciò che viene chiamato panico in senso clinico, che mi ha spinta per la prima volta da quando ero dentro ad accettare di farmi sedare da sconosciuti spaventosi con il camice e il volto coperto, nonostante mi fossi promessa di rifiutare sempre – con ogni mezzo – la sedazione.

Al risveglio, ancora tutta fatta, ho detto alla guardia mascherata: «"In isolamento" vuol dire che devo stare da sola, questo lo so. Ma vale per i gatti? O, nel rispetto delle regole, mi potreste prestare il gatto del cortile da tenere qui in cella con me per un po'?». La guardia ha riso.

Oggi a casa ho un gatto rosso.

Note

La radicalizzazione di Israele

[1] Cecilia Sala, *Una giornata tra i coloni armati*, «Stories», ep. 424, Chora Media, ottobre 2023.

[2] Paola Caridi, *Hamas. Dalla resistenza al regime*, Milano, Feltrinelli, 2023, pp. 147-48.

[3] Michael Freund, *Israel's growing intermarriage problem*, in «The Jerusalem Post», 2 dicembre 2021.

[4] Pew Research Center, *Israel's religiously divided society*, 8 marzo 2016, https://www.pewresearch.org/religion/2016/03/08/israels-religiously-divided-society/.

[5] AA.VV., *Kach, Kahane Chai (Israel, extremists)*, Council on Foreign Relations, 20 marzo 2008, https://www.cfr.org/backgrounder/kach-kahane-chai-israel-extremists.

[6] Yair Ettinger, *Israel police arrests four more anti-Arab activists from rightist group Lehava*, in «Haaretz», 21 dicembre 2014.

[7] Jeremy Sharon, *Lehava head Bentzi Gopstein indicted for incitement to terror, racism*, in «The Jerusalem Post», 26 novembre 2019.

[8] AA.VV., *Founder of far-right extremist movement working as Ben-Gvir's advisor – report*, in «The Jerusalem Post», 8 giugno 2023.

[9] La Quarta Convenzione di Ginevra del 1949 proibisce il trasferimento della popolazione civile del paese occupante nei territori sotto occupazione, ma consente al personale militare di entrare in quelle zone.

[10] Legislazione militare israeliana introdotta dopo la guerra dei Sei giorni del 1967, quando Israele occupò la Cisgiordania (inclusa Hebron).

[11] Risoluzione ONU 242 (1967), Risoluzione ONU 446 (1979), Risoluzione ONU 2334 (2016).

[12] La moneta locale israeliana che usano anche i palestinesi (visto che non hanno un loro Stato).

[13] Yossi Klein Halevi, *Memoirs of a Jewish Extremist. The Story of a Transformation*, New York, Harper Perennial, 1995.

[14] Il «libro bianco di Lord Passfield», segretario britannico alle Colonie, rimetteva in discussione la prosecuzione dell'istituzione di una presenza ebraica in Palestina e favoriva la priorità all'impiego della popolazione araba, e questo anche in seno alle imprese ebraiche. Nel corso degli anni Trenta vi fu una politica mirata a frenare l'immigrazione ebraica, https://it.wikipedia.org/wiki/Libro_bianco_(Palestina).

[15] Ahron Bregman, *La vittoria maledetta. Storia di Israele e dei territori occupati*, trad. it. Torino, Einaudi Storia, 2017, p. 42.

[16] Rami Tal, *Moshe Dayan. Soul searching*, in «Yedioth Ahronoth», 27 aprile 1997.

[17] A. Bregman, *La vittoria maledetta*, cit.

[18] Paul Hofmann, *Ultranationalist rabbi sees West Banks as «Jewish Country»*, in «The New York Times», 25 giugno 1979.

[19] B'Tselem, *Law enforcement on Israeli civilians in the occupied territories*, marzo 1994. B'Tselem è il Centro d'informazioni israeliano per i diritti umani nei Territori occupati, https://www.btselem.org/sites/default/files2/publication/199403_law_enforcment_eng.rtf.

[20] Isabel Kershner, *Moshe Levinger, contentious leader of Jewish settlers in Hebron, dies at 80*, in «The New York Times», 18 maggio 2015.

[21] R. Tal, *Moshe Dayan. Soul searching*, cit.

[22] William Claiborne, *Last nationalist holdouts evicted from Sinai town*, in «The Washington Post», 23 aprile 1982.

[23] Ronen Bergman e Mark Mazzetti, *The unpunished. How extremists took over Israel*, in «The New York Times Magazine», 16 maggio 2024.

[24] Bassam Shakaa, il sindaco di Nablus, ha perso entrambe le gambe, e Karim Khalaf, il sindaco di Ramallah, ne ha persa una. Una terza vittima presa di mira, il sindaco di El Bireh Ibrahim Tawil, si è salvata quando è stato scoperto il dispositivo piantato nella sua auto.

[25] Stuart Winer, *Netanyahu calls for administrative detentions to quell Arab-Jewish violence*, in «The Times of Israel», 13 maggio 2021.

[26] Michael Bachner, *Far-right minister says nuking Gaza an option, PM suspends him from cabinet meetings*, in «The Times of Israel», 5 novembre 2023.

[27] Cecilia Sala, *Il 7 ottobre per l'israeliano che parla con Hamas*, «Stories», ep. 630, Chora Media, ottobre 2024.

[28] Michael Safi e Gershon Baskin, *The Israeli negotiator who talks to Hamas*, in «The Guardian», 5 settembre 2024.

[29] Una serie di accordi di pace raggiunti tra Israele e l'Organizzazione per la liberazione della Palestina negli anni Novanta. Quegli accordi, che crearono l'Autorità nazionale palestinese dandole una certa autonomia in alcune parti della Cisgiordania, dovevano essere un primo passo verso la piena sovranità palestinese. Poi però di passi non ne sono stati fatti altri.

[30] Gershon Baskin, *Negotiations for hostages*, in «The Times of Israel», 18 novembre 2023.

[31] AA.VV., *Poll: 79% of Israelis support Shalit deal*, in «Yedioth Ahronoth», 17 ottobre 2011.

[32] G. Baskin, *Negotiations for hostages*, cit.

[33] Gianluca Pacchiani, *Hamas official says group will repeat Oct. 7 attack «twice and three times» to destroy Israel*, in «The Times of Israel», 1° novembre 2023.

[34] Y.K. Halevi, *Memoirs of a Jewish Extremist*, cit.

[35] *Ibid.*

[36] Yossi Klein Halevi, *Letters to My Palestinian Neighbor*, New York, Harper Perennial, 2019.

[37] *Israeli influencer mocks Palestinians in Gaza*, in TRT World, 12 ottobre 2023, https://x.com/trtworld/status/1712534849842524255.

[38] Josh Fiallo, *Israeli diplomat busted spreading blatant disinfo about Palestinians*, in «The Daily Beast», 9 novembre 2023.

[39] Belén Fernández, *Weaponising underwear: Genocide with a semi-pornographic twist*, al Jazeera, 12 aprile 2024.

[40] Melanie Lidman, *Amid outcry over Gaza tactics, videos of soldiers acting maliciously create new headache for Israel*, Associated Press, 13 dicembre 2023.

[41] Peter Oborne e Khaled Shalaby, *Israeli soldiers «TikToking» potential war crimes in Gaza, Al Jazeera documentary reveals*, in «Middle East Eye», 3 ottobre 2024.

[42] Yaniv Kubovich, *Graphic videos and incitement: How the IDF is misleading Israelis on Telegram*, in «Haaretz», 12 dicembre 2023.

[43] Claire Porter Robbins, *How Israeli youth helped usher in the farthest right-wing government ever*, in «Vox», 23 febbraio 2023.

[44] Cecilia Sala, *L'israeliano con una soluzione*, «Stories», ep. 509, Chora Media, marzo 2024.

[45] The Palestinian Center for Policy and Survey Research (PSR), *Public opinion poll no (93)*, Survey Research Unit, 17 settembre 2024, p. 4, https://www.pcpsr.org/sites/default/files/Poll%2093%20English%20press%20release%2017_Sept2024.pdf.

[46] Mark Mazzetti e Ronen Bergman, *«Buying quiet»: Inside the Israeli plan that propped up Hamas*, in «The New York Times», 10 dicembre 2023.

La distruzione della Palestina

[1] Cecilia Sala, *Nella capitale della militanza palestinese, Firas vorrebbe parlare di politica*, «Stories», ep. 622, Chora Media, settembre 2024.

[2] Brian Whitaker, *Anger as Arafat shuns camp*, in «The Guardian», 14 maggio 2002.

[3] *Jenin Battalion announces the martyrdom of eight of its resistance fighters*, alquds.com, 5 luglio 2023.

[4] Nan Jacques Zilberdik, *Fatah glorifies dead terrorist as «model of heroism», small child salutes him*, in «Algemeiner», 5 ottobre 2023.

[5] Sabrina Tavernise e Ronen Bergman, *Israel's existential threat from within*, «The Daily», in «The New York Times», 18 settembre 2024.

[6] *The new generation of Palestinian armed groups: A paper tiger?*, in «International Crisis Group», 17 aprile 2023.

[7] Khaled Abu Toameh, *New Palestinian militia, Lions' Den, behind attacks on soldiers, settlers*, in «The Jerusalem Post», 27 settembre 2022.

[8] The Palestinian Center for Policy and Survey Research (PSR), *Public opinion poll no (93)*, Survey Research Unit, 17 settembre 2004, p. 5, https://www.pcpsr.org/en/node/991.

[9] Lucy Williamson, *Hamas support soars in West Bank – but full uprising can still be avoided*, BBC, 16 dicembre 2023.

[10] Refaat Alareer (a cura di), *Gaza Writes Back: Short Stories from Young Writers in Gaza, Palestine*, Washington, Just World Books, 2014.

[11] Emma Graham-Harrison e Quique Kierszenbaum, *Israeli police raid Palestinian bookshop in East Jerusalem twice in a month*, in «The Guardian», 11 marzo 2025.

[12] Melina Spanoudi, *Palestinian bookseller on «shocking» raids on Jerusalem's Educational Bookshop: «It's a different world»*, in «The Bookseller», 20 marzo 2025.

[13] Oren Ziv, *The day Israel came for the booksellers*, in «+972 Magazine», 11 febbraio 2025.

[14] Patrick Kingsley e Rami Nazzal, *In show of unity, Palestinians strike across West Bank, Gaza and Israel*, in «The New York Times», 18 maggio 2021.

[15] Philippe Pernot, *From fresh figs to garbage: Israeli settler expansion turns the West Bank into a dumping ground*, in «The New Arab», 8 agosto 2024.

[16] Alessandro Stefanelli, *I veleni dell'occupazione a Tulkarem, la piccola Gaza*, in «il manifesto», 20 ottobre 2024.

[17] AA.VV., *Report: Shin Bet debunks idea that Gazan workers spied en masse for Hamas pre-Oct. 7*, in «The Times of Israel», 7 marzo 2024.

[18] Yuval Abraham, *A Gazan worked in Israeli kibbutzim for decades. Then came Oct. 7*, in «+972 Magazine», 6 novembre 2023.

[19] Julian Küng, *Why so many Thai workers became Hamas victims*, DW, 31 ottobre 2023.

[20] Riya al-Sanah, *Solidarity and labour organising: An interview with workers in Palestine*, in «Notes from Below», 24 aprile 2024.

[21] Adam Hanieh, *Class, economy, and the Second Intifada*, in «Monthly Review», 1° ottobre 2002.

[22] AA.VV., استطلا ع للر اي يؤ كد ان غالبية الفلسطينيين يريدون من السلطة التخلي عن اتفاق "او سلو" [Un sondaggio conferma che la maggioranza dei palestinesi vorrebbe che l'ANP abbandonasse gli accordi di Oslo], in «Maan», 14 settembre 2023.

[23] Bethan McKernan e Quique Kierszenbaum, *Nizar Banat's death highlights brutality of Palestinian Authority*, in «The Guardian», 31 agosto 2021.

[24] Bethan McKernan e Sufian Taha, *Palestinians protest for fifth day in West Bank after death of activist*, in «The Guardian», 28 giugno 2021.

[25] Gianluca Pacchiani, *Hundreds protest in Ramallah against PA President Abbas*, in «The Times of Israel», 17 ottobre 2023.

[26] Moran Stern, *Why is Hamas' popularity soaring among Palestinians in the West Bank?*, The Washington Institute for Near East Policy, 24 giugno 2024.

[27] Lucy Williamson, *Support for Hamas grows among Palestinians in West Bank*, BBC, 13 dicembre 2023.

[28] Nidal al Mughrabi e Ali Sawafta, *Hamas faces dissent in Gaza as heavy toll weakens support for war, a year on*, Reuters, 8 ottobre 2024.

[29] Ruth Michaelson e Sufian Taha, *«They hide when Israelis come»: Palestinians despair of leadership after killing of colonel's son*, in «The Guardian», 2 maggio 2024.

[30] *Israel closes Al Jazeera bureau in Ramallah: All you need to know*, al Jazeera, 22 settembre 2024.

[31] Carolina Landsmann, *The only way to prevent civil war in Israel is a return to the Oslo path*, in «Haaretz», 11 ottobre 2024.

[32] AA.VV., *New poll shows 46% of Israelis fear an internal civil war*, in «The Jerusalem Post», 10 agosto 2024.

[33] AA.VV., *Shin Bet reveals 21,000 Palestinian prisoners held in Israeli jails*, in «The Cradle», 2 luglio 2024.

[34] Il primo ministro Benjamin Netanyahu ha cacciato il capo dello Shin Bet, Ronen Bar. È una mossa senza precedenti. In questo strano paese che è Israele, che non ha una Costituzione, i servizi interni hanno il compito di tutelare la democrazia, e anche per questo la cacciata di Ronen Bar è stata considerata uno scandalo. Nessun primo ministro nella storia di Israele prima aveva cacciato il capo dello Shin Bet.

Il collasso dell'Asse iraniano

[1] Pezhman Tahavori, *Will Pezeshkian keep his promise to Iranian women?*, in «Iran Wire», 17 ottobre 2024.

[2] Arash Azizi, *Why did Iran crack down on a pro-hijab rally?*, in «The National», 3 aprile 2025.

[3] David Cenciotti, *Memorial for Qassem Soleimani erected in Lebanon depicts the moment his SUV was hit by a drone missile*, in «The Aviationist», 2 gennaio 2021.

[4] AA.VV., *A confident Hezbollah promotes itself through «Jihadi Tourism»*, Associated Press / FoxNews, 22 maggio 2010.

[5] A partire dal 1975, il Libano era già precipitato in una guerra civile, in larga misura dovuta alle tensioni tra i vari gruppi etnico-religiosi, specialmente tra le milizie cristiane e la stessa Organizzazione per la liberazione della Palestina. Quando ha invaso il paese, Israele si è alleato con le milizie cristiane.

[6] Magnus Ranstorp, *Hizb'Allah in Lebanon*, London, Palgrave Macmillan, 1997.

[7] Gadi Eisenkot, *The Dahya strategy: Israel finally realizes that Arabs should be accountable for their leaders' acts*, intervista rilasciata a Yedioth Ahronoth, citata in Yaron London, *The Dahiya strategy*, in «Ynetnews», 10 giugno 2008; Amos Harel, *IDF plans to use disproportionate force in next war*, in «Haaretz», 5 ottobre 2008.

[8] Peter Beaumont, *Hassan Nasrallah: The man who has led Hezbollah to the brink of war with Israel*, in «The Guardian», 27 giugno 2024.

[9] AA.VV., *«Spider web speech 2»: Israeli media on Sayyed Nasrallah's speech*, in «al-Mayadeen English», 24 febbraio 2023.

[10] Anche se nei fatti la demografia del paese oggi è molto diversa da quella dell'epoca.

[11] Mersiha Gadzo, *«All of them»: Lebanon protesters dig in after Nasrallah's speech*, al Jazeera, 25 ottobre 2019.

[12] Rebecca Collard, *Untouchable no more: Hezbollah's fading reputation*, in «Foreign Policy», 27 novembre 2019.

[13] Hassan Hassan e Kareem Shaheen, *End of an era: What Hassan Nasrallah's assassination spells for the Middle East*, in «New Lines Magazine», 28 settembre 2024.

[14] Thanassis Cambanis, *Charisma and militancy powered Nasrallah's rise, but he became one more corrupt warlord*, in «Foreign Policy», 28 settembre 2024.

[15] Hugh Macleod e Annasofie Flamand, *Deraa: A city under a dark siege*, al Jazeera, 28 aprile 2011.

[16] Robert Booth, *Assad emails: Father-in-law gave advice from UK during crackdown*, in «The Guardian», 15 marzo 2012.

[17] Jonathan Swan, Maggie Haberman, Mark Mazzetti e Ronen Bergman, *How Trump shifted on Iran under pressure from Israel*, in «The New York Times», 17 giugno 2025.

[18] Dexter Filkins, *The shadow commander*, in «The New Yorker», 23 settembre 2013.

[19] Farnaz Fassihi, Leily Nikounazar e Parin Behrooz, *Israeli strikes kill civilians across Iran*, in «The New York Times», 18 giugno 2025.

MISTO
Carta | A sostegno della gestione forestale responsabile
FSC® C115118
FSC
www.fsc.org

Mondadori Libri S.p.A.

Questo volume è stato stampato
su carta HOLMEN
con fibra vergine proveniente da foreste sostenibili holmen.com/paper
presso ELCOGRAF S.p.A.
Stabilimento - Cles (TN)

Stampato in Italia - Printed in Italy